富人是怎么赚钱的

蔡践 / 编著

中国致公出版社·北京

图书在版编目（CIP）数据

富人是怎么赚钱的 / 蔡践编著. --北京：中国致公出版社，2024.9
ISBN 978-7-5145-2249-5

Ⅰ.①富… Ⅱ.①蔡… Ⅲ.①创业—青年读物 Ⅳ.①F241.4-49

中国国家版本馆CIP数据核字(2024)第069595号

富人是怎么赚钱的 / 蔡践　编著
FUREN SHI ZENME ZHUANQIAN DE

出　　版	中国致公出版社	
	（北京市朝阳区八里庄西里100号住邦2000大厦1号楼西区21层）	
发　　行	中国致公出版社（010-66121708）	
责任编辑	王福振	
责任校对	魏志军	
封面设计	荆棘设计	
印　　刷	三河市宏顺兴印刷有限公司	
版　　次	2024年9月第1版	
印　　次	2024年9月第1次印刷	
开　　本	710 mm × 1000 mm　1/16	
印　　张	12	
字　　数	178千字	
书　　号	ISBN 978-7-5145-2249-5	
定　　价	68.00元	

（版权所有，盗版必究，举报电话：010-82259658）

（如发现印装质量问题，请寄本公司调换，电话：010-82259658）

前言

Preface

  任何人的底气，都来源于经济实力。

  君不见，多少豪杰挺立商海潮头，扬帆搏浪，叱咤风云；多少勇士，满怀激越豪情，驰骋商场，展现锋芒。他们通过努力，挤进了富人的行列，不仅展现了一种时代的积极精神，也体现了一种实现人生价值的情操与自豪，由此赢得社会的尊敬。

  然而，富人赚钱并不是一件简单的事。商场如战场，在看不见刀光剑影的商战中，只有洞悉赚钱致富的秘籍，才能在商战经营中，纵横捭阖，挥戈跃马，一往无前。

  就现实而言，社会上有的人收入是你的十倍、百倍，难道他们的智商也是你的十倍、百倍？当然不是了。

  同样生活在一个城市，为什么有的人月收入几千元，而有的人月收入几万元、十几万元？有的人活得潇洒，似乎有花不完的钱，而有的人却抱怨社会不"温柔"？是什么造成了这样的局面？有的人说是天赋，有的人说是经验，有的人说是运气，有的人说是遇到贵人提携，还有的人说是家庭背景。

  每个人的一生中都会或多或少地被赋予一些运气，鸿运当头时，摔个跟头都能捡到钱。没错，这很重要。但这不过是锦上添花，一个人能否赚钱的本质绝不在于此。

  我们人类生活的这个地球的运行是由它的自然规律来决定的。一年四季的春、夏、秋、冬，每天的白日和黑夜都是由自然规律决定的。作为人类，不管你是否了解这个规律，是否喜欢这个规律，它都按照自身的规律在运行，在起作用。世界上的各种事物就如同一年四季一样，也都是由自然规律在掌握，并按照它自身的规律运行。致富也有它自身的客观规律。

除了勤奋的基础条件外，更有着心态、理念、眼光、胆识、投资技巧等智慧的成分。

就个人而言，富者愈富、贫者愈贫，观念使然，不同观念最后决定你能否成为有钱人。例如散户只关心短期市况波动而不分析中、长期趋势。往往赢了眼前、输了将来。富人从中、长线角度考虑问题，看似吃了眼前亏，在中、长期却赚了大钱。

正如约翰·洛克菲勒所说："财富是对认知的补偿。"你赚到的每一分钱，都是对这个世界认知的变现，认知到位变现轻松。认知错误，赚钱困难，甚至还有可能被别人收割。

本书以独特的视角，结合大量成功实践的例子，着重阐述富人的赚钱方法，破解他们的赚钱秘诀，由此拥有富人的致富智慧。

客观地说，人人都想走进富人的行列，但不可能人人都步入富人的花园。正如生活中的我们，在追求成功的道路上，哪怕努力了也未必能获得成功。但人生的重要价值与意义的体现，就在于持续努力，不断向成功人士学习，拓宽自己的眼界，丰富自己的智慧。

古人云：临渊羡鱼，不如退而结网。心动不如行动，致富不是空想。让我们多向富人学习，学习他们的致富思维，用有钱人的思想来武装自己。

总之，在这个充满致富机会的创新世纪，孕育了许多财富巨子。他们无疑是人们最尊敬的对象，最向往的群体。希望本书能让你丰富思路，获得正确的思维方式，为创造美好的人生提供极大的动力与帮助，从而成为一个积极的人、富有的人、幸福的人。

目录

Contents

第1章
能不能赚到钱，观念最重要

富人和穷人最大的差别是观念上的差别 / 2

跳出老一辈的思维定式 / 3

"父母扭蛋"论 / 4

打工打到老，也是一根草，没钱也要当老板 / 6

穷人存钱，富人借贷 / 8

利润小，量上去了，就是大买卖 / 10

做生意看起来是卖，实质上是"买" / 12

模仿富人，你就会变成富人 / 13

第2章
你喜欢钱，钱才能喜欢你

要是自命不凡的话，就不用指望发财了 / 16

宁可让钱生钱，不要人省钱 / 17

扔掉面子弯腰赚钱 / 19

把自己想要得到的东西谨记于心 / 20

喜欢归喜欢，但绝对不能贪心 / 22

I

第3章
赚钱途径有很多，简单方法最可行

财富是如何运转的 / 26
简单的招式练到极致就是绝招 / 27
跟雅诗·兰黛学，专注一件事，以打造好一个产品为底气 / 28
小本生意重在周转爽快 / 31
最好的服务就是不需要服务 / 32

第4章
一定要有目标和野心：如果你不知道自己想去哪里，就不会到达

目标具有极大的驱动力 / 36
没有期限的目标只是说大话，吹牛皮 / 38
穷人赚眼前的小钱，富人赚未来的大钱 / 39
在自己能力范围之内吃螃蟹 / 41
把未来5年的宝押对 / 43
要有野性，更要理性 / 45

第5章
小聪明赚不了什么钱，真智慧能赚大钱

真正白手起家的富豪，学历不一定高 / 48
AI时代，你一定要用脑子 / 49
富翁的钱都是"想"出来的 / 51
不要企图靠耳朵赚钱 / 53
竞争得法，不可狡诈 / 55
越扎堆，生意越旺 / 57
小生意靠勤奋，大生意跟趋势 / 59

第6章
坐贾行商，贵在知市

赚钱要赶上第一波 / 64
要相信市场是对的 / 65
竞争对手那里藏着有用的信息 / 67
坚持看新闻联播 / 68
闲言碎语中"听"出来的商机 / 70
分辨有用信息 / 72
客户来问货，信息送上门 / 74
聊天的内容可能给你启示 / 76

第7章
一碗饭，大家吃，花花轿儿人抬人

追求合理利润 / 80
义和利相生 / 82
尊重惯例好过自行其是 / 84
挡人财路不如自己另辟财路 / 86
以小损而换大益 / 87
先给甜头，才有赚头 / 90
别把同行看成冤家 / 91
永远和和气气 / 94

第8章
要想富，快行动，不要畏畏缩缩

一万小时法则：用高级欲望代替普通欲望 / 98
准备到一半的时候就去做了 / 99
想到就做到，不做连难度都不知道 / 101

想成为富人要有一点胆识 / 102

第9章
逃脱"乌合之众"陷阱，去做10%的人

哪里没有市场，就到哪里去 / 106
别人恐慌时，也许是你进入的最好机会 / 107
头脑发热时不要做决定 / 108
大势好未必你好，大势不好未必你不好 / 109
跟风的策略 / 111
天下没有不赚钱的行业，只有不赚钱的人 / 112
学会投资而不是投机 / 114

第10章
算大账，也算细账，算小账

想赚钱先学会省钱 / 118
只要你愿意，就能省更多 / 119
将成本控制到每一分钱，将盈利增加到极限 / 121
成本竞争，"微"利是图 / 122
节俭与成本的聚变效应 / 124
在细节处体现节约 / 125

第11章
悄悄赚钱，只做不讲，或者多做少讲

不摆大，哪怕你真的是老大 / 128
讷于言，敏于行 / 129
不忙于出名，只顾闷头搞钱 / 131
良贾深藏若虚 / 132

第12章
财富是对用心的补偿，而未必是对勤奋的奖赏

世界步入了"知本"阶段 / 136

能当老板，能睡地板 / 138

计算你的收入前先计算你付出了多少 / 139

如果不事先计划好，失败便是被计划好的 / 141

"做事"还是"做事业" / 144

第13章
有所为有所不为，有所选择，有所放弃

骏马行千里，耕地不如牛 / 148

勇于对机会说"不" / 149

得到了不应得到的，就会失去不该失去的 / 151

重商德的人容易成功 / 152

对自己能力达不到的要求如实相告 / 154

嘴硬不如货硬 / 156

大智若愚，"傻"一点没关系 / 158

第14章
风险意识任何时候都不能丢

事后控制不如事前控制 / 162

最具有诱惑力的时候要沉住气 / 163

不冒进，做生意不是你想多快就能多快的 / 165

在没有机会的地方会创造机会，在有机会的地方能抓住机会 / 167

第15章
了解富豪的人生，感知富豪的睿智

埃隆·马斯克：若我不这么投入，才是最大的冒险 / 170

比尔·盖茨：不要放弃你的好奇心，尽量去思考世界 / 172

沃伦·巴菲特：不要去做大多数人 / 174

丁磊：我也是一路跌跌撞撞，边打边学走过来的 / 176

黄峥：很早我就理解人生目标，甚至思考人生意义 / 178

第1章
能不能赚到钱，观念最重要

穷人和富人的根本区别在于想法不同。观念正确，理解才能正确，判断才能正确，行动才能正确。在赚钱的道路上，因为思维方式的偏颇和错误所付出的代价最多，常常把问题看错，把事情做错。但是人们并没有察觉到这一点。一位身家过亿的商人说："做生意，观念非常重要，观念正确，比较容易贯彻，事情就比较好办；观念错误，脑筋转不过来，做什么事情都是不行的。"事实正是如此，观念、思维方式的革命，远比技术、软件和速度的革命更重要。

你输入大脑的是穷人的信息，大脑就会产生穷人的各种想法和思考模式。你输入的是富人的信息，大脑就会产生各种富人应有的思路、方法和智慧。拥有了富人的观念和思维，你才能成为富人。

富人和穷人最大的差别是观念上的差别

生活中，很多人有这样的感受，为什么自己明明很努力了，还是不富裕？

其根本原因在于两个字：观念。

实现阶层的跃迁，根本上要实现思想上的跃迁。观念正确，理解才能正确，判断才能正确，行动才能正确。

如果说人生实现跃迁的第一个阶段是靠学识、靠勤劳、靠拼命干，和别人竞争，去实现财富跃迁；那么第二个阶段靠的就是观念、思维，靠强大的认知和对人性的深刻把握。

如果你很努力了，还很有才华，但没有成功，多半是你的思维和观念还没有实现跃迁。

罗伯特·清崎在《富爸爸，穷爸爸》中讲述的经历对我们很有启发。

他说自己有两个爸爸，一个富，一个穷。一个爸爸受过良好的教育，聪明绝顶，拥有博士的光环；另一个爸爸连八年级都没能念完。最初富爸爸还不算富有，而穷爸爸当时也并不贫穷。但因为两人对金钱、财务、职业、事业等看法的很大不同，最终拥有博士学位的爸爸终其一生都在个人财务问题的泥沼中挣扎，另一个爸爸则成了夏威夷最富有的人之一。

为什么？

作者说，一个爸爸会说贪财乃万恶之源，另一个爸爸说贫困才是万恶之本；一个爸爸说在学校里要好好学习，另一个爸爸说要多参加社会活动；一个爸爸认为富人应该缴更多的税去照顾那些比较不幸的人，另一个爸爸则说"税是惩勤奖懒"；一个爸爸说努力学习能去好公司工作，另一个爸爸则说努力学习能发现并且有能力收购好公司；一个爸爸说我不富的原因是我有孩子，另一个爸爸说我必须富的原因是我有孩子；一个爸爸努力存钱，而另一个爸爸不断地投资。

他们之中谁会成功？谁会富有？显而易见！

富人都忙着组建团队、找产品、找渠道，关注抖音、拼多多、网店、投流……

穷人都在关注什么？

谁打麻将输了，谁掼蛋赢了？某个热映的电影被几千人打了一颗星；某个明星结婚，被爆出以前背景；哪里又发生了火灾……人最大的优势，就是头脑和时间，而很多人还把这仅存的一点优势，白白地浪费掉。

富人思考的核心逻辑往往不是划不划算、买不买得起，而是我需不需要，以及如何能实现购买。

> ⊙ **常人与富人的思维精要**
>
> 常人想：这件东西太贵，我可付不起。
> 富人想：这件东西很好，我怎样才能付得起呢？

跳出老一辈的思维定式

思维定式，就是一种惯性思维，是由先前的活动而造成的一种特殊的心理准备状态，或活动的倾向性。

贝贝从小学习就好，一直梦想着考上重点大学，改变自己的人生。可是父母都是农民，在田间地头辛苦了一辈子，生怕孩子走上和自己一样艰辛的人生路。所以她初中毕业时，父母逼着她读了中等师范学校。虽然她以全区第一的成绩考上了最好的重点高中，但父母因为自身思维的局限，觉得能考上中师，摆脱农民的身份就已经很满足了，不敢再有更大的奢望。

好在贝贝没有听从父母的安排，工作后又读了大学，考了研究生。

后来，她把孩子交给公婆，转战南方老家做外贸，终于做出了名堂。

贝贝说："从上中师起，就要给自己争取各种机会，让别人认识你、知道你。这样，真有机会，也会先轮到你。不争取，好事来了也没你的份啊。

"还有，你要和有能力的人做朋友，这些朋友会给你带来更多机会。和他们做朋友，会改变你很多。

"认识到这一切时还是迟了。做生意后才发现，大胆争取和交有能力的朋友，这太重要了。幸亏上大学时就很活跃，当记者，做社团，自我推销能力很强。"

成年人，一定要跳出父母的穷人思维、老好人思维、退让思维、卑微思维等。你的原生家庭是你的一道坎，你不跨过去，就永远只是你父母的延续，甚至是贫穷的延续，没法开始自己的人生。

如果你的父母很成功、很有钱，或者很有地位，那就听父母的。否则，听自己的。

> ⊙ 常人与富人的思维精要
>
> 常人想：父母都是为了我好，我要听父母的。
>
> 富人想：穷人家孩子怕的不是穷，而是父母的贫穷思维。

"父母扭蛋"论

日本近年出现不少网络潮语，其中"父母扭蛋"在社交平台上引起了很大的反响，日本年轻人纷纷使用这个潮语表达对父母和现实的不满与无奈。

"扭蛋"就像我们平时说的盲盒一样，商家事先把小玩具放入球形半透明塑料壳中，消费者投币后，从机器中随机获得属于自己的扭蛋。具体抽到什么，全凭运气，这个过程充满了赌和运气的成分，抽得好是幸运，抽得不好是倒霉。

其实生在什么家庭、拥有怎样的父母都是自己不能选择的，就如扭蛋一样全凭运气。

这个在现实中很常见。大学的时候，有的同学刚毕业就被父母安排进了好的单位，别人的起点就是我们的终点。

现实往往就是这么残酷，哪怕是名校毕业，毕业后发现，和同学的差距非常之大。当你发现你的终点可能是别人的起点的时候，该怎么办？

这里我要说的是，"父母扭蛋论"是非常错误的，不值得提倡的。没有背景怕什么，没有靠山怕什么，自己的命运自己掌握。

别人几代人的努力，你凭什么一代就赶上呢？所以，你要努力往上走，至少给自己的后代搭一个平台。

这几年突然爆火的抖音和快手等直播平台，成就了一个又一个"草根"。俊杰和江涛都来自贫困的家庭，而且是一个班的。两人毕业后相约来到杭州找工作。现在的市场情况，好工作不好找，所以俊杰跑遍了人才市场，面试了不下20家公司，但还是没有大公司愿意向他这个实习生抛出橄榄枝。再看江涛，也是走了好几个人才市场依然收获寥寥。这天晚上回家，他偶然打开抖音，心血来潮拍了个吐槽工作不好找的视频，没想到一下评论过万，大家纷纷在他的视频下议论起来。

江涛一看，这着实有趣，于是接下来的几天里，他一边找工作，一边拍视频吐槽，一来二去，不出半月竟然就有了十几万粉丝。工作还没找到，广告商先找来了，一个广告推荐给江涛提成3万元。我的天！江涛自己都吓了一跳。

接下来的日子，江涛仿佛打开了新天地。他及时调整定位，以一个小镇少年努力留在大城市，并向粉丝们介绍在大城市的"生存法则"为初衷，迅速成为网络红人。不到两年的时间，他有了自己的工作团队，摇身一变成了创一代，买了车，置了房，还把爸妈接到了身边。

再看俊杰呢,干了辞,辞了找,混不出名堂,不到一年就回老家了。

现实生活中,赢是暂时的,今天赢了并不等于明天还会赢;唯有锲而不舍,敢于打拼,不断进取,才能永立不败之地。输也不是不能改变的,只要认真吸取教训,不"怨叹",不"胆寒",振作起来,再努力去打拼,输是会转化为赢的。

⊙常人与富人的思维精要

常人想:我父母都是穷人,我是"穷二代"。

富人想:我命由我不由天。

打工打到老,也是一根草,没钱也要当老板

拿破仑曾经说过:"不想当将军的士兵不是好士兵。"没有背景怕什么,没有靠山怕什么,自己的命运自己掌握。心有多大,舞台就有多大。

在离某大学的校门口50米的一个不起眼的角落,有一个修鞋摊。补鞋的是个温文尔雅的姑娘。有一天,一名高傲的大学生到修鞋摊上补鞋,大学生怜香惜玉地说:"一个大姑娘给人修鞋不怕被人看不起吗?"

姑娘反唇相讥:"一个大学生穿着破鞋不怕被人看不起吗?"

"你以后打算干什么?"

"当老板。"

"你没有钱怎么当老板?"

"我这不正在挣钱吗?"

后来,这位姑娘成了一个上市公司的董事长。

一位广东的富翁说:"我们广东人不想给人打工,只有当老板的野心和

对成功的渴望。你可以留意一下，即使是菜市场里卖菜的年轻人，也从未把自己看作一个谋生活费的小贩。他们认为自己是在经商，是在做经理，他们几乎都有名片。"

想过富有的生活，要先有富有的思想，有想成功的欲望。穷人的口头禅是"让我干，我就干""让我干什么，我就干什么，给我发工资就行"。富人的口头禅是"我要干"！

2020年，新冠疫情后，一位商人在一次生意失败后到深圳打工。可没有学历、没有技术的他在深圳找不到工作。但是他很自信地说："我只能做老板，因为像我这样不是985或211名校毕业、没有什么专业技术的人，打工没人要，只好做老板。"

于是，他就开始寻找商机。不久，他就发现一个创业的机会——生产口罩。当时全国都缺少口罩。于是，他就迅速借钱买了台设备，建了一个生产口罩的小工厂。公司一开张，生意就非常好，公司十几个员工，每天忙得晕头转向。两年时间，他就积累了几百万元。2023年年底，眼看疫情就要过去，他卖掉工厂，全身而退，开始转行做其他生意。

香港富豪庄永竞说："即使当个小老板，资本再少也总是为自己干，总会有发财的希望。给别人打工，总是没有自己做老板更有发展。"当然，老板并不是人人都能做的。老板就好比一艘行驶在茫茫大海上的船的船长，需要有良好的心态、睿智的头脑和开阔的眼界。

> ⊙**常人与富人的思维精要**
>
> **常人想**：打工好，不用本钱，没有风险，只进不出，埋头干活就是了，更无须为各种各样的琐事操心。
>
> **富人想**："工字不出头"，一辈子打工，很难有大成就。老板吃米饭，打工者最多能跟着喝点稀粥，有时候只能喝刷锅水。自立门户才能赚大钱。只有自己当老板，自己掌握自己的命运，才会有出头的那一天，尽管这个过程充满艰辛和挑战。

穷人存钱，富人借贷

美国有个富人的儿子问：老爸，咱家有多少钱？父亲回答：咱们全家三辈子也花不完。

儿子又问：老爸，咱家有多少负债？父亲回答：咱们全家八辈子也还不完。

无论是房贷还是其他方面的贷款，处于上风的绝对是银行，而不利的一方就是贷款人。假如你是工薪族，突然有了一笔钱，最好尽快还贷款。"这世上没有一边付贷款利息，一边储蓄拿利息的人，这世上也未见过存款利息高于贷款利息的银行。"

这是很多理财专家的主张，被一些人当成金玉良言。不过，那些有钱的人可不这么想。

李小姐今年29岁，是某外资银行的一名高级白领。她在法国读的大学，专业是金融管理学，之后又去美国学习，获得了金融MBA学位。她毕业后曾在美国的某投资公司工作过一段时间，后来跳槽到了现在这家银行，之后就再也没挪动过，是公认的投资领域的专家。

李小姐曾经在美国工作过几年，除了这段时间之外，她一直跟父母住在一起，结婚之后，也是如此。李小姐年薪50万元左右，只要她愿意，随时都可以买个公寓搬出来，成立自己的小家庭。

不过，李小姐自认为作为家里唯一的女儿，伺候父母是她义不容辞的责任，因此几年来都与父母生活在一起。但随着渐渐长大，出于对未来的考虑，李小姐做出了购买一套公寓的决定。多年来将女儿的孝心看在眼里的父亲愿意为女儿的公寓支付一定的"后援金"，但李小姐拒绝了，她选择了从银行贷款。

为了不给父母增加额外的负担，她拒绝了父母的资助，李小姐的行为合情合理。不过，年薪50万元的她还从银行贷款购房，确实让人有些不解。对此，李小姐说："理由有二：一是孝心问题，二是负债也是一种资产。"

在中国人的心里，欠债是一件十分不光彩的事情。有的人买了一套房子，欠了银行几十万元，就十分紧张。一想到要还一辈子的债务，心里就发凉。许多人因此尽可能地缩短偿还时间以便减少须支付的利息，每当手头稍有充裕，第一件事就是往银行跑。

假设某信用不良者每个月除了生活费，还有2000元的富余钱，这时，他会采取什么样的行动呢？一般来说，为了重新恢复信用身份，他会将那2000元悉数用来还债。

虽然这是一种很正确的行为，但更为正确的方式是：用500元去还债，把剩下的1500元投资出去。早一点摘掉信用不良的帽子，还是晚一点摘掉信用不良的帽子，这个并不重要。重要的是寻找新的"投资种子"，并为其浇水，让其发芽并长成大树。

所以，给你三个建议：

建议一：管理好自己的债务。

债务实际上就是另一种意义上的本钱。你应该明白该如何积极地活用债务，巧用他人的钱去投资，并取得较高的收益。只要活用负债，债务就会成为提升收益的杠杆。债务不是令人畏惧的魔鬼，而是你管理的对象。用自己的钱进行投资时，要把握好机会，用借来的债投资时，要管理好风险。不知道管理风险、一味回避风险的人是不会赚到钱的。

建议二：借债不是为了消费，而是为了投资。

许多人借钱只是为了买一辆高档小轿车，以便炫耀自己，还有人借钱是为了到海外去旅游，但富人只为了投资而借钱。在以消费为目的的贷款中，比如买车、旅行，轿车的价值会随着时间的推移而降低，旅游中使用的钱消费后其价值也随之消失，最终剩下的除了债还是债。为了投资而借钱却不同，因为借钱投资除了还利息之外，还能额外获利，这就是新生代富豪活用债务的秘诀之一。新生代富豪借债不是为了消费，而是为了投资，欠的贷款

 富人是怎么赚钱的

虽然越来越多，但获利也越来越大。

建议三：在自己能承担的范围内贷款。

至少你要有支付利息的能力才行。从根本上说，不管自身条件如何，完全指望"借鸡生蛋"的人是傻瓜，不要陷入这种误区。约翰·邓普顿说："生产性的贷款是必要的，然而无止境的贷款也不是一种高明的做法。"如果想挣大钱，首先就要转换思维，改变对负债的片面认识。此外，高超的判断能力和预测能力及自信心也是必不可少的。

> ⊙**常人与富人的思维精要**
>
> 常人想：负债是魔鬼，要拼命赚钱还贷款。
>
> 富人想：负债也是一种资产，有钱也不付全款，只想还债我就成不了富豪。

利润小，量上去了，就是大买卖

很多穷人瞧不起小生意，但很多富人恰恰是做小生意的，只不过他做的不只是一个小生意，而是多个小生意的总和。

世界最大的百货零售商是沃尔玛，世界最大的快餐店是麦当劳，它们每天的销售额数以亿计，但沃尔玛每天要卖多少针头线脑，麦当劳每天要卖多少个汉堡鸡腿，才能堆积出那样巨大的财富呢？不要以为你只是喝了一小瓶可乐，你那两三元的消费，相对于可口可乐的亿万资产来说，确实算不了什么，却是不能忽略不计的，它巍峨的财富大厦，就是由无数个这样的2元、3元垒成的！

在浙江义乌，卖100根牙签只赚1分钱，一个姓王的商贩每天批发牙签10吨，按100根赚1分钱计算，他每天销售约1亿根牙签，稳稳当当进账1万元。有个摊位卖的是缝衣针，粗的、细的、长的、短的一应俱全，平均1

分钱2枚，这个小商贩一年卖针也能挣到80万元。

同样是在义乌，靠做这样只赚1分钱生意起家的老板不计其数，人称"蚂蚁商人"。"蚂蚁商人"赚钱的秘诀是：家家自己开工厂，把成本降到最低，每件商品只赚一分钱就卖。他们算了这样一笔账：一双袜子赚一分钱，一个普通摊位每个月要销出70万—80万双袜子，也就有7000—8000元利润，一年下来将近10万元。10个摊位，就是100万元！

现在很多商人不舍微利，从蚂蚁商人做起，一点一滴地积累财富，既表现其"大鱼""小鱼"兼得的盈利思想，又表现其经营技巧的高明。

微不足道的小商品，往往是生活中不可缺少的东西，居家过日子谁也离不开，因此便要经常走进店铺，这就起到了以小商品招揽众多顾客的作用，形成生意兴隆的繁忙景象，扩大影响，广告民众："本店货全，大受欢迎！"从而提高声誉，便会由小主顾引来大主顾，由薄利的小生意做成厚利的大买卖。

如此一来，蝇头小利就变成了"牛头大利"，蚂蚁也能长成大象。

现在很多电商，一开始便像小蚂蚁一样，他们喜欢从小处着手，靠着一分一毫去完成原始资本积累。他们从不好高骛远，知道一点一滴的小事情才是构成成功的主要因素！

我的一个朋友，做出版行业。他有一本书成本控制得很低，售价也低，平均一册就挣2毛钱。在抖音上卖了1000多万册。

切莫因利小而不为，点点滴滴，从小做起，积少成多。或许，当你认真把握细微枝节之时，找到其中暗藏的玄机，可能因此成为事业腾达的转折点。

赚钱不是巨大的"三峡工程"，也不需要长年累月地下决心，只需要在平常的状态中从一点一滴做起。

从一点一滴做起，不忽视微小的财富积累，无小不成大，无微不知著，凡事积少成多，集腋成裘，忽视小的建设，就没有大的成就。

> ⊙ **常人与富人的思维精要**
>
> 常人想：几毛钱的利润，累死也赚不够100万元。
>
> 富人想：集腋成裘，聚沙成塔，做生意就要懂得积累。赚得亏不得，即使是一分钱的利润。

做生意看起来是卖，实质上是"买"

做生意看起来是卖，实质上是"买"，通过诚信经营，赢得顾客的信任，"买"下了顾客的心，"买"下的是一批赶不走的顾客。富人之间往往非常信任、经常合作，有时候企业间借钱只需要在烟盒上写几个字就可以了。

在浙江绍兴著名的珍珠市场，阮经理是该市场上生意做得最大的老板之一。早年间，他从珍珠养殖户的地头直接收购珍珠时，经常会遇到所带现金不够，需要打欠条的情况。这时候，香烟盒派上了用场，用来写欠条，事后养殖户专凭这个香烟盒领欠款，双方从来没有因此发生过纠纷。

阮经理说："我们刚发展的时候，资金没有现在这样雄厚，因此经常欠账。我们谈好了价格以后，假如是100万元，那么我就先付对方20万元，还有80万元约定一个礼拜之后来拿，然后随便写在一张纸上，比如香烟盒上，就成了。这其实就是一个意思，因为大家都是互相信任的，大家都有这种习惯。"

一张小小的香烟盒纸，居然可以承载足以让很多人为之铤而走险的金额，这就是信用所具有的神奇力量。正是凭着这些香烟盒纸，本小力薄的阮经理靠赊账把自己的企业做大了。阮经理说："你想做事情的时候，首先自己要做到真诚，那么就会有很多人信任你，信任你以后，事情就很容易做。所以说想做大事情的人，他把诚信看得比什么都重要。"

这就是成功商人对信誉至上的切身体会，也是他们所信奉的经营法宝。精明的商人知道，信誉是最宝贵的资源，卓著的信誉能够使自己的财富与日俱增。

> ⊙ 常人与富人的思维精要
> 常人想：做生意就是纯利益关系。
> 富人想：生意表面看是买卖，也是人情世故。

模仿富人，你就会变成富人

毕加索说："伟大的艺术来源于模仿。"新生代富豪们的学习就是通过模仿来实现新的创造。

沃尔玛的创始人、美国首富山姆·沃尔顿，当年买下一个露天商铺，靠做杂货生意起家。在短短的 60 多年里，沃尔玛全球从业人员增加到 210 万人，2024 财年销售额达 6480 亿美元，发展成为世界最大的流通销售企业。你是不是觉得有些不可思议？

山姆·沃尔顿的成功秘诀是什么呢？他曾经这样说："我只是在吸取他人的精华罢了。"事实上也是如此。他通过模仿式的学习创造了最大的财富。在创业初期，他就常常到盐湖城图书馆去，将有关销售行业的书籍看了个遍。如果不去图书馆，他就跑到附近的百货店或者其他商场里去学习竞争者的经营秘诀。

中国的新生代富豪也不例外。任何领域里都有领袖存在，当然也有挑战者存在。这就需要不断地学习。怎么学习？富人都是怎样想事和做事的呢？他们的生活习惯、说话习惯、干活习惯是怎样的呢？如果我们能看清楚他们想事和做事的规则，我们也来模仿，那么我们也能成为富人。

在大脑的潜意识中永远认为自己是富人，你的大脑的思维功能就会像化学反应剂一样，立刻将你的思维方式转换成富人模式。这就好像你的大脑是一盆清水，滴入一点红墨汁，满盆水都变成红色。若滴入一点黑墨汁则整盆水都变成黑色。你可以想象红色代表富人的想法，黑色代表穷人的想法，你滴入什么颜色的墨汁，大脑这盆水就变成什么颜色。你滴入的红色墨汁越多，则颜色越红。

如果你走访所有的成功者，你会发现在成长的过程中，他们有意识或无意识地都采用了这一原则。那就是：我终有一天将会发财致富。这一想法深深地印在脑子里，不管何时何地，遇到什么困难，这一想法永不改变。

所以，要想赚到钱，成为富人，就要先选一个你心里最佩服的人，也就是最想成为的那个人。如任正非、王永庆、霍英东，或你身边熟悉的哪个"大老板"。你也可以把自己想象成某个电影中、电视中或小说中的成功人物。记住，把自己想象成一个成功人物，不是做一次就行了。你需要像每天吃饭、刷牙一样，每天至少要有意识地想多次。在你每天早晨醒来，还没起来时，你要想我是××，我是成功者。在你去上班的路上，你要想我是××，我每天工作中的表现要像××一样。在你去办一件事情，去推销一个商品，去谈判一份合同时，你都要先想我是××，我一定能办好这件事。

当你长期这样想象自己，你的眼神、讲话的语气、身体的动作和做事的习惯一天天地变化，你逐渐会成为你想象的那个人。

> ⊙ **常人与富人的思维精要**
>
> 常人想：有钱当然好，但穷也有穷的活法。
>
> 富人想：即使现在没有钱，也要模仿富人，以富人的思维想问题。

第2章
你喜欢钱，钱才能喜欢你

你仇富吗？千万别。想赚钱，首先你要对钱感兴趣，对钱有一个正确的认识，不然钱不会找你。钱不是罪恶，而是价值的化身，是业绩的体现，是智慧的回报。你必须对钱有浓厚的兴趣，感觉赚钱很有意思、很好玩，你喜欢钱，钱才能喜欢你。

这绝不是拜金主义，而是金钱运行的内在规律，不信你看那些富翁都喜欢钱。

要是自命不凡的话，就不用指望发财了

不想赚钱的人认为自己是穷人，常常满足于能"凑合着过日子"的现状和安乐窝。而想赚钱的人则永不满足，因为他们对钱感兴趣，而且即便在穷的时候、在没有钱的时候也认为自己是有钱人，只是暂时没有钱或钱不多。对钱有没有兴趣是每个人的一生能否发财致富或者事业能做多大的关键因素。

对钱有兴趣，不是让你抱着钱死不松手，而是要利用自己现有的资金去换取更大的回报，让钱去生钱。

有这样一位商人，他出身农村，小学时由于家里穷便辍学回家，帮家里做农活。他17岁时随家里的一位堂兄到城里打工，做装修队的泥瓦小工。

他说："由于穷怕了，我发誓要挣钱发财，让下面的两个妹妹能好好上学，尽管我身无分文，连穿的鞋都裂着口子，但我始终对钱有着极大的兴趣和渴望，每天都想我有一天会发财，会有很多很多钱。

"干活时，我从不偷懒，最脏最累的活我都很认真地干。而且每次干完活后，别人随手丢下一些垃圾，我都不怕麻烦把工地打扫干净。时间久了，老板看我能吃苦、肯干活，比别人勤奋，先是给我涨工资，后来又让我当施工组长，后又升为施工队长。

"3年后，由于老板忙不过来，便让我独当一面去外面找活，甚至替老板定价钱。在外面做生意我从不吃回扣、拿私钱，为这事，我堂兄还骂我笨。但我想，要想赚钱当老板就不能有坏毛病。后来，老板又主动将他的一部分业务让给我做。我以前1年挣不到10万元，4年后每年能挣80多万元，我终于成了有钱人。"

这位只有小学文化的农村打工仔赚到人生的第一桶金后并没有抱着他喜爱的钱去睡大觉，他立即把自己现有的钱又投入更大的工程中，他用这笔钱组建了自己的装修队，由于接触过的人都知道他诚实，他的装修队的活儿是做不完的。钱当然也挣得越来越多。

后来，他又组建了施工队承包更大的建筑工程。2023年，他又把他的大量资金投入电商行业，有了价值几亿元的资产。

自命不凡不但让自己发不了财，而且使自己内心很痛苦。在你没有成功之前，没有任何人会理解你。

⊙ **常人与富人的思维精要**

常人想：别谈钱，谈钱伤感情，一个字，"俗"。

富人想：为什么他能赚钱，你不能赚钱。追根求源，想赚钱，首先你要对钱有兴趣，对钱有一个正确的认识，不然钱不会找你。

宁可让钱生钱，不要人省钱

什么是钱？很多人以为放在自己的口袋里或存在银行的钞票就叫钱。犹太人绝不这样认为，在他们看来，世界上最不懂钱的人就是只知"省钱"，不知"生钱"的人，这种人是金钱的牺牲品，根本不懂得真正的赚钱之道。什么叫真正的赚钱之道呢？那就是宁可让钱生钱，不要人省钱。

犹太商人有白手起家的传统，现在世界上许多犹太大亨发迹也不过两三代人，但犹太商人没有靠攒小钱积累的传统。犹太人不仅爱钱，对于如何得到钱也有独到的见解。立足于赚钱而不是攒钱，是犹太商人独有的经营哲学。

犹太人认为，想借助银行来求得利息，能够获得利润的机会不大。因为将大量的钱存在银行的确可以获得一笔利息，但是物价在存款生息期间不断上涨，货币购买力随之下降，尤其是存款本人死亡时，尚需向国家缴纳继承税。这是事实，几乎世界各国都如此。所以，无论多么巨大的财产，存放在银行，相传三代，也不会增值多少。

这个道理，许多善于经商的人都非常清楚，但并不是每个人都能真正地应用到实际中。往往自己有点盈余，他们生出胆怯想法，不敢再像以前创业时那般敢想敢做，总怕手中仅有的钱因投资失败又化为乌有，于是赶快存到银行，以备应急之用，似乎这样做更安全一些。

虽然确保资金的安全乃是人们心中合理的想法，但是在当今飞速发展、竞争激烈的经济形势下，钱应该用来扩大投资，使钱变成"活"钱，来获得更大的利益。这些钱完全可以用来购置地理位置好的房产、优质公司的股票，10年以后回头再看，你会感觉到比存银行要增很多利，你会看到"活"钱的威力。

钱是靠钱赚回来的，不是靠克扣自己攒下来的！犹太商人的投资大多集中于金融业等回收较快的项目上，他们崇尚的是"钱生钱"，而不是"人省钱"。靠辛辛苦苦攒小钱的人是不可能有犹太商人身上常见的那种冒险气质的。

> ⊙ **常人与富人的思维精要**
>
> **常人想**：省吃俭用我就能省钱，省下的钱存入银行，慢慢地我就能发财致富。
>
> **富人想**：有钱不置半年闲，多做生意少占本，一年多打几个滚。会干的，不如会算的。

扔掉面子弯腰赚钱

在许多人眼里,面子是最重要的,面子丢了,是最了不得的事情。做什么事首先是面子,有些生意尽管能挣钱,但有失体面,宁可挨饿也不愿意去做。而在另一些人眼里,做生意没有高低贵贱之分,关键是有没有利润。

1980年,邱先生带着自己的积蓄回到了家乡。他贷了300元款,租下了大队的三间旧房,办起了电器仪表厂,生产喷雾器零件。然而四年后,他又先后看准机会决定转产缝纫机。

这时候正好赶上广州开贸易交流会。于是他带着满腔的热情,背着自己厂里生产的拷边机,赶到外商云集的广交会上。由于他只有初中文化水平,而且又是来自不知名的小厂,就被毫不客气地拒之门外。他没有机会和资格参加这场会议,于是陷入了困难的境地。在焦急之余,他围着会场转了好几个圈,终于找到了一条通往墙内的下水道,他毫不犹豫地钻了进去。他刚出来便被保安人员逮了个正着,不但被罚了50元钱,还被罚站了半个小时。

这件事情让邱先生觉得很没"面子",但为了生意,他还是要那么做,而且不后悔。

在被赶出广交会几天后,邱先生并没有气馁,他凭着自己那股不认输、肯吃苦的干劲,又辗转来到深圳罗湖口岸。从潮水般的回港人流中,他终于鼓起勇气拉住一位面相忠厚的香港人,掏出500元钱请他代买了一本香港电话号码簿,正是靠着这本电话号码簿,邱先生找出了全香港所有经营缝纫机的店铺,然后不分白天黑夜地忙碌起来。他逐个给香港的缝纫机店老板们寄产品的样本、照片。功夫不负有心人。他终于接到了第一笔从香港来的几千美元的订单。

今天，营商环境发生了很大的变化，不会再有这种事情了，但先辈们扔掉面子弯腰赚钱的精神值得我们学习。

有一句话叫作心动不如行动，致富是一种思维方式，而这种思维方式的外在表现就是行为。所谓"三百六十行，行行出状元"，社会需要各种各样的行业，生意不分贵贱，只是你肯不肯去做。在富人眼里，自己踏踏实实地去经商，用自己的劳动获得报酬，并不为过。

如果你总觉得做这个没面子，做那个有失身份，那么许多机会就失去了。反过来讲，如果人人都选择"有面子"的生意做，市场竞争必然很激烈，"钱途"就相对暗淡；如果你反其道而为之，做别人不愿意做的生意，占据市场空白点，那么市场就是你的，还怕没有钱挣吗？

可见，只要把想致富的想法真正落实到行为上，踏踏实实地去经营，诚诚恳恳地待人，生意就会做起来的。

> ⊙常人与富人的思维精要
>
> 常人想：我为什么总是没钱？做大生意，没有资本；做小生意，没有面子。我做什么好呢？
>
> 富人想：生意不分贵贱，不管做什么生意，只要能挣钱，又能满足消费者需要，我都会去做。我总是在想：我怎样才能挣更多的钱？

把自己想要得到的东西谨记于心

自我暗示就是自己对自己的暗示。自我暗示是思想意识与外部行动两者之间沟通的媒介。

有人曾经说过，潜意识就像花园中一块肥沃的土地，如果不在上面播下所希望成长的种子，就只会杂草丛生。自我暗示便是一种控制的媒介，经过这一媒介，一个人可以自动地用创造的思想去滋养潜意识。

你的潜意识必须向你提供可行的一项或多项计划。要注意的是，这些计划一旦出现，便要将它们立即付诸行动。当这些计划出现时，它们很可能凭借"第六感"，像灵感似的在你的心头闪过。要尊重这种灵感，并在获得这种灵感后，立即采取行动。

当你订立将欲望转变成财富的计划时，切不可相信你的"理性"。因为你的推理能力也许是疏懒的，如果完全依赖它，它也许会使你失望。

当你闭着眼睛想象你决意要积累财富时，一定要知道你自己需要提供的服务，或者你决意换取这笔财富所需付出的代价，这是极为重要的！

刺激你的潜意识有如下步骤：

1. 找一个僻静的地点，夜间则不妨在床上，闭上你的眼睛，反复地高声说出，至少能够让你自己听见。

2. 你决意积累的财富数目、积累的期限及为交换这笔财富而决意付出代价的书面声明。当你实施这些指示时，你仿佛已经看见自己拥有了这些财富。我相信我一定会拥有这笔财富。我的信心是如此强烈，我现在就已看见这笔财富了。这笔财富正等待着，在我提供我决意换取这笔财富的服务时，会依照比例移交给我。我在等待着一项计划，凭此计划来积累这笔财富。当这项计划来到时，我将立即根据它来采取行动。

3. 每天早晨和晚上，反复地背诵这一声明，直到在你的想象中看见这笔你一心想获得的财富为止。

4. 将你的书面声明放一份在你晚上与早晨都能够看得到的地方。

请记住：你在执行这些指示时，你是在应用自我暗示的原则，目的是给你的潜意识下达命令。同时还要牢记的是，你的潜意识只有在接受情感化的指示时，方能依照指示行动。

> ⊙常人与富人的思维精要
>
> 常人想：我想成为富人。
>
> 富人想：我能成为富人，年底前将挣100万元，并制订了获得100万元的计划。

喜欢归喜欢，但绝对不能贪心

经商的人，好处不能占绝，好事不能吃干抹净，做事要留有余地。有钱大家赚，利润大家分享，这样才会有人愿意合作，假如拿10%的股份是公正的，拿11%也可以，但是，如果只拿9%的股份，就会财源滚滚来。有远见的商人，从来都不是绞尽脑汁考虑如何吃独食，而是想方设法支持合作者赢，从而达到自己赢的目的。事实证明，他们总能笑到最后。

早在先秦时期，商家就懂得了"赚钱不要赚到尽"的做法。比如，范蠡。他的经营策略及探索创新的精神，对今天的工商企业家和投资家来说，仍具有极其重要的借鉴意义。

他从商的19年中，曾经"三掷千金"——半道上三次散尽家财，又三次重新发家。就是在今天这个时代，这也算得上是一个奇迹！古人有"为富不仁，为仁不富"的说法，但范蠡能算得上既富且仁了。

司马迁评价范蠡在"三掷千金"后，竟毫不吝啬地将其部分经营利润"分散与贫交疏昆弟"，并说他是"富好行其德"。

这是古代商人对赚钱不要赚到尽的理解，那么到了现代，新时代的商人又是怎样理解和去做的呢？

"我有利你无利生意不成，我小利你大利生意不干，我大利你小利生意不长，我大利你大利生意不败"的商谚告诉我们现代商人依旧秉承了这一传统。

"赚钱不要赚到尽"不仅在富人中被视为经商的法宝，也是全世界的大商人坚持不懈的做法。

有些人目光短浅，只贪图眼前利益，做生意时只想着自己独吞，结果往往是一时赚得小利,而失去了长远的利益,真可谓是捡了芝麻,丢了西瓜。

> ⊙常人与富人的思维精要
>
> 常人想:他赚得多,我赚得就少。
>
> 富人想:赚钱不要赚到尽。做生意,千万不能太贪心,能赚10元赚7元就够了。赚到的7元也不能全到自己腰包里,撒落掉一点后才能赚到更多的钱。

第3章
赚钱途径有很多，简单方法最可行

每个行业都有赚大钱的方法：在商品零售业，沃尔玛始终坚持"天天平价"的理念，想方设法靠最低价取胜，结果做成了世界最大；在股市，沃伦·巴菲特一直坚持"如果一只股票我不想持有10年，那我根本就不碰它一下"的原则炒股；在日本战败后，美国品质大师戴明博士应邀到日本给松下、索尼、本田等许多家企业讲课，他只讲了最简单的方法——"每天进步1%"，结果日本这些企业家真照着做了，并取得了神效，可以说日本战后经济的崛起有戴明博士的功劳。

赚大钱的模式一定是简单的。天下赚钱方法千千万，但最简单的方法最赚钱。虽说条条大路通罗马，但万法归一，简单的才是最好的。复杂的方法只能赚小钱，简单的方法才能赚大钱，而且方法越简单越赚大钱。

财富是如何运转的

为什么有的人那么忙，却还是那么穷？

我们人类生活的这个宇宙和这个地球的运行是由它的自然规律来决定的。一年四季的春、夏、秋、冬，每天的白日和黑夜都是由自然规律来决定的。作为人类，不管你是否了解这个规律，是否喜欢这个规律，它都按照自身的规律在运行，在起作用。

世界上的各种事物就如同一年四季和昼与夜一样，也都是由自然规律在掌握，并按照它自身的规律运行。

致富也有它自身的客观规律。

首先，财富容易在对财富有兴趣的人中间流动。财富往往喜欢那些一心想挣钱，愿意不断为此付出并百折不挠的人。

其次，投资出去才有流动性。

小彼得斯的父亲劝他把100美元的一部分存到普通银行，剩余部分则用来购买小船公司的股票。

一年后，该股票翻了五番，他父亲再次劝他把投资股票赚来的钱分开投资。

之后的五年，小彼得斯一直按照父亲的吩咐进行投资，一直维持着前两年的获利模式。很快，他就拥有了一个"不停循环的圆"。

也就是"资产→投资→产生利润→分开本金和利润→存好本金→利润投资到高风险的商品→资产增加→投资"。每次赚到钱的时候，他都会塑造一个新的"循环链"。

有人说，那要是赔了呢？

一个学游泳的人怕淹死就学不会游泳。

> ⊙常人与富人的思维精要
>
> 常人想：赚钱没有规律。
>
> 富人想：做生意要遵循周期，就像四季一样有章可循，就这么简单。

简单的招式练到极致就是绝招

天下赚钱方法千千万，但最简单的方法最赚钱。虽说条条大路通罗马，但万法归一，简单的才是最好的。复杂的方法只能赚小钱，简单的方法才能赚大钱，而且方法越简单越赚大钱。做生意要从简单处着手，钱要一分一分地赚。

通过做简单的事情赚大钱的人比比皆是：比尔·盖茨只做软件，就做到了世界首富；乔治·索罗斯一心搞对冲基金，结果做到金融大鳄；英国女作家J. K. 罗琳，40多岁才开始写作，而且专写、只写哈里·波特，竟然几乎是在一夜间写成了亿万富婆。

每个行业都有赚大钱的简单方法：在商品零售业，沃尔玛始终坚持"天天平价"的理念，想方设法靠最低价取胜，结果做成了世界最大；在股市，沃伦·巴菲特一直坚持"如果一只股票我不想持有10年，那我根本就不碰它一下"的原则炒股，凭借"低点买、高点卖"简简单单的六个字成为一代股神。

很多富翁的发达几乎是从最简单的事情做起，从基础做起，用最简单的方法实现自己的目标。他们从一个个的小作坊、小市场开始，以最简单的推销、经营方法去赚钱，竟然取得了意想不到的效果。不要认为鞋、包、纽扣等是简单商品，只要做得好，仍然可以风靡全世界。

经济学家说："简单就是美。"很多人不是经济学家，他们却知道从简简单单的小事做起，成就一番大事业，为经济学家的理论做了最好的诠释。

如果你志在登泰山，但不轻易放弃山边的"小土堆"，不因为"简单"

而不为。总结自己的简单赚钱方法，然后坚持它，不要被别人的复杂与堂皇所蛊惑而轻易改变。

> ⊙常人与富人的思维精要
>
> 常人想：赚钱的方法很多、模式很多，每种方法和模式都很复杂，唯恐一着失算，全盘皆输。
>
> 富人想：把容易的事情反复做好就是不容易，把简单的事情保质保量地完成就是不简单，就能赚钱。

跟雅诗·兰黛学，专注一件事，以打造好一个产品为底气

或许，你不知道雅诗·兰黛夫人的故事，但她说过的这句话，你很可能感觉耳熟："我不希望我的香水闻起来像是玫瑰花、栀子花或是任何一种单独的花香，我要让雅诗·兰黛成为世上最奇妙、最丰富、最和谐的，将千百种花香集于一身的香水。"

雅诗·兰黛夫人出身于一个贫苦的犹太家庭。那个时候，她还不叫"雅诗·兰黛"，而是被家人亲切地唤作"艾施黛"。

雅诗·兰黛的童年时光，就是在那散发着霉味的贫民窟里度过的，这里没有柏油马路，只有零零星星的几家加工厂，以及终日里充满恶臭气味的肮脏街道。虽然家境贫寒，但雅诗·兰黛从小就喜欢打扮自己，喜欢一切美好的事物。与打扮自己相比，她更喜欢打扮别人，而母亲就是她的"模特"。她喜欢为母亲梳头，并思考着怎么能梳成更多的花样。在大多数时候，雅诗·兰黛的母亲会乐滋滋地享受女儿的"服务"，但偶尔也会不耐烦地说："今天你给我打理头发的次数已经很多了，我还有别的事情要做呢！"

第一次世界大战爆发之后，雅诗·兰黛的叔叔来她家暂住。这位化学家出身的叔叔手里有一种非常神奇的东西，它能让女性的肌肤变得更加细腻、更加光滑。雅诗·兰黛将它称为"神奇的护肤膏"。

雅诗·兰黛的叔叔带来的这种护肤膏，不仅没有精致的包装，甚至连配方也非常简单，根本就不起眼。但正是这款"神奇的护肤膏"，点燃了雅诗·兰黛对美丽与财富的渴望，并且，它启发了雅诗·兰黛应该如何实现自己的梦想。

德国传奇女作家莎乐美在关于雅诗·兰黛的传记作品里，这样赞叹道："雅诗·兰黛夫人，是世界上最富有的女性之一，虽然关于她的致富故事有许多版本，但不可否认的是，她完全依靠自己的努力实现了对财富的掌控。"

雅诗·兰黛从叔叔手中得到了这款护肤膏的配方，她先是自行配制，后来又根据实际效果进行改进。当然，这其中涉及诸多化妆品和化学方面的知识。还好，雅诗·兰黛在相当长的时间里，当过叔叔的助手，因而积累了这方面的学问。虽然他们的美容所毫不起眼，只有一间简陋的实验室，却是雅诗·兰黛梦想启航的地方。

在研发出最新的护肤产品之后，雅诗·兰黛还想方设法把自己的产品推销出去。在推销方面，雅诗·兰黛可谓是个天才。她把研制出的护肤品小样作为礼物送给顾客，即便顾客来到店里什么都不买，她也不会让顾客空手离去，而且还会微笑着对顾客说："希望还能再见到您！"试问，当爱美的女士面对这种慷慨大方的赠送时，有几人能够不动心？又有几人能拒绝雅诗·兰黛的温暖笑容呢？很快，雅诗·兰黛的护肤品成为抢手货，而她的美丽帝国也在众多爱美女性的支持下构建起来。可见，任何一份事业的创建，都离不开众人的相互支撑。我们也可以这样理解，雅诗·兰黛的美丽帝国之所以很快构建起来，是因为她的人缘太好了。

作为一个非常注重美好形象的女性，雅诗·兰黛被无数爱美女士奉为心中的女神。她还有一句名言是这样说的:"美丽是一种态度,它没有秘密可言。世界上没有丑陋的女人,只有不在乎形象或者不相信自己魅力的女人!"

雅诗·兰黛的这句话被女人们奉为圭臬,而雅诗·兰黛则通过宣传自己的价值观,在女性群体中持续不断地产生影响,进而继续推广自己的美容产品,并最终成为美妆界的女总裁、女富豪。

这就是雅诗·兰黛的总裁思维:只把精力投入自己最擅长、最感兴趣的领域,才能发挥自己的能力。如果你不热爱一件事情,你又怎么能做好它?如果你连日常工作都欠缺激情,你又怎么能指望这份工作给你带来财富?我们的时间和精力相当有限,如果你把自己的时间和精力平均用在多件事情上,那么很可能这些事情你一件都做不好。但是,如果你集中精力去做一两件事情,说不定你未来的人生轨迹将因为这一两件事而发生转变。看来,人与人在思维模式上的差距,才是拉开收入差距的最大原因。

曾饱受争议的传记作家李·以色列,以充满钦佩的文字赞美雅诗·兰黛为"从贫民窟里走出来的时尚女王,靠激情与梦想而发家致富的优雅女性,一个把经商当成戏剧表演的智慧女人"。由此可见,雅诗·兰黛夫人的传奇性早已超过了她本身的商业价值。她之所以被几代女性视为人生导师,绝不仅仅是因为她的美貌和才智,更是因为她对自己的人生发展有清晰的规划。

雅诗·兰黛将自己的奋斗历程用一句话来概括:"先是产生羞羞答答的希望,接着必须心怀梦想,然后就得工作、工作……任何人要使自己的梦想变为现实,就必须坚定不移、锲而不舍。必须有所期望,要求完美,而不满足于平庸。"

所以,不要给自己的懒散找任何借口,你今日的懒散很可能会让你失去明日的一个希望。也不要说自己没有过硬的家庭背景,要逆袭人生太过艰难。雅诗·兰黛从一个贫民区的小女孩,成为南希·里根、温莎夫妇等诸多社会名流的座上宾,这样的逆袭又是几个有背景的寻常人能够取得的?

> ⊙ **常人与富人的思维精要**
>
> 常人想:我要做加法,产品越多越好。
>
> 富人想:我要做减法,做多不如做精。

小本生意重在周转爽快

商品短缺时代,"囤积居奇"发大财,然而在商品过剩、现金为王的今天,最重要的经营手段就是在产品更新换代之前"快速出手,多多出手"。

过去,最有效的赚钱手段是卖高价——提高利润率。今天,最显著的赚钱手段已变成提高周转率。过去利润高但是最终赚钱少,因为卖得少;今天利润低但是最终赚钱多,因为卖得多。价格战曾经备受责难,那是因为它损害了遵循传统利润模式的公司的利益,但毫无疑问受到了用户最热烈的追捧。

"转=赚",是这个时代最重要的商业特征。

"赚=转",是这个时代越来越多暴富者遵循的商业准则。

当然,不同行业有不同的周转方式和周转周期。房地产几年一个周期,保暖内衣以一年为期,以月为周期的行业更是数不胜数。你可以提高生产率降低成本加快周转,如格兰仕;你可以提高品牌含金量刺激购买实现周转,如海尔;你可以扁平化,如美的;你可以零库存,如戴尔。

总之在这个"快鱼吃慢鱼"的时代,作为商人,你必须殚精竭虑,必须食不甘味,必须为改变资金和商品的周转率而有所作为。

> ⊙ **常人与富人的思维精要**
>
> 常人想:我要一次赚个大的。
>
> 富人想:我要让我的钱动起来。

最好的服务就是不需要服务

有这样一个故事，也许通过它我们能很好地理解这句话：

一个替人割草打工的男孩打电话给陈太太说："您需不需要割草？"

陈太太回答说："不需要了，我已有了割草工。"

男孩又说："我会帮您拔掉花丛中的杂草。"

陈太太回答："我的割草工也做了。"

男孩又说："我会帮您把草与走道的四周割齐。"

陈太太说："我请的那人也已做了，谢谢你，我不需要新的割草工。"

男孩便挂了电话，此时男孩的室友问他："你不是就在陈太太那割草打工吗？为什么还要打这电话？"

男孩说："我只是想知道我做得有多好！"

这些年来，我们一直在提服务，售前服务、售中服务、售后服务，甚至有的公司把服务作为自己的经营特色加以宣传和推广。

最好的服务就是不需要服务，最好的维护就是零维护。如果公司的产品还需要大量的服务和维护，说明产品还没有做好。努力提高产品质量，应该成为公司追求的最高目标。

一定要让员工知道我们所做的一切都是为客户创造价值。客户需要速度、效率，我们怎样满足客户，怎么才能又快又好，不是老板要大家这么做，而是客户要大家这么做；不是老板要求产品质量好，而是客户。

离客户最近的是老板，因为老板一直在搭着客户的脉搏。公司为什么能做得很快，因为他的老板一直在和客户沟通，每天都在揣摩客户心理。如果把范围扩大，变成员工自觉揣摩客户心理，那么就必定能够成功。

如果你想把自己的公司做强做大，就必须把困难和烦琐留给自己，把轻松和快捷留给用户。这样，产品才能在市场上立住脚，顾客才会买账。

> ⊙常人与富人的思维精要
>
> 常人想：服务越好、越细致，顾客越忠诚。
>
> 富人想：服务是全世界最贵的产品，最好的服务就是不需要服务，完善一个良好的体系最重要。

第4章
一定要有目标和野心：如果你不知道自己想去哪里，就不会到达

年年岁岁花相似，赚钱方法各不同。但有一点是相同的，就是你赚钱一定要有目标。据统计，这个世界上，只有3%的人有明确而清晰的人生目标，所以他们在各个领域获得了惊人的成功；有另外13%的人，有目标但有时清晰，有时模糊，所以他们的人生成就会超出平常人两倍甚至几倍；其他84%的人，都没有人生目标，哪怕是模糊的。所以，多数人的一生总是劳累而没有大的成就。你是哪类人？没有目标，欲说还休，却道赚钱真忧愁！要赚钱，还必须有赚钱的野心。野心是什么？野心就是目标，就是理想，就是梦想，就是企图，就是行动的动力！

有大目标的人赚大钱，有小目标的人赚小钱，没有目标的人永远为衣食发愁。万事开头难，有目标就不难，创富是从制定目标开始的。

目标具有极大的驱动力

一个人没有明确的目标,就好像一条船在海里漂荡。因为没有目标港,不管这条船漂了多久,有多少经历风浪的经验,它始终都不会到达目的地。尽管这条船有很好的现代化设备,有强大的发动机动力,有训练一流的船长和船员,因为没有明确的目标,它只能是东走西荡,始终不能到达最后的港湾。

哈佛大学曾做过一个著名的实验:

在一群智力相近的二十几岁的青年中进行了一次关于人生目标的调查,结果发现:3%的人有十分清晰的长远目标;10%的人有清晰但比较短期的目标;60%的人只有一些模糊的目标;27%的人根本没有目标。

25年后,哈佛大学再次对他们做了跟踪调查,结果令人十分吃惊!

那3%的人全部成了社会各界的精英、行业领袖;那10%的人都是各专业领域的成功人士,生活在社会的中上层,事业有成;那60%的人大部分生活在社会中下层,胸无大志,事业平平;那27%的人过得很不如意,工作不稳定,入不敷出,常常抱怨社会、抱怨政府,怨天尤人。

如果我们回溯历史,就会更加明显地感受到这个道理。成就,永远是由那些拥有崇高志向的人创造的。像莱特兄弟一样伟大的发明家,或者像曼德拉这样的社会改革家,他们都以追求卓越为自己的终身目标。是目标将他们推升到金字塔的顶部。

说到财富,也是同样的道理,如果你还没有制订出很具体明确的财富目标,那么你也很难致富。我们静下心来,分析和研究一下很多成功者,就会发现他们之所以获得成功，首先是因为他们有明确的人生目标。请你多看一些成功人物的传记和人生故事，从他们的人生中我们可以悟出这一道理。霍英东、王永庆、李嘉诚、包玉刚、比尔·盖茨，如果你看看他们的书，听听他们的人生故事，就会知道他们在年轻时便有清晰的人生目标——获得成功，不成功决不罢休。

很多人讲，我要成为富人，挣很多的钱，这都只是想法而不是目标，目标是要有具体数字、时间期限、详细的计划，然后付诸行动，并且每天、每个星期、每个月能衡量进度。

比如，你想要拥有一辆车、一套三居室房子，得到每年至少100万元的收入。你想每年带着家人去国外旅行一次等。值得注意的是，你光有这些想法不算是目标。你一定要把这些想法写在纸上，并且对每个想法制订出相应的计划来实现，而且对每个目标设定达到它的最后期限，然后付诸行动。没有计划和行动就不算有目标。

命运对每个人都是公平的，希尔顿、洛克菲勒并不比任何人拥有更多的时间，那么他们的成就又从何而来？差距就在于眼光的高度，在于人生的目标！不要做只为一口食物不断奔走的狼！

> ⊙ **常人与富人的思维精要**
>
> 　　常人想：不要空想，自己距离金字塔的顶端是那么遥远，到达那里的可能微乎其微。反正是达不到，想又有什么用？反而增加苦恼与失落。
>
> 　　富人想：一个人可能会有很多优点，比如诚实、肯干、勤奋，但不懂得怎样建立目标和实现目标，这个人成功的速度就会很慢，或者说很难成功。

没有期限的目标只是说大话，吹牛皮

生活中我们经常遇到这样的人，他们说，我要成为亿万富翁，而且每天都在讲。什么时候讲呢？在他与别人打扑克牌赢牌的时候。

还有一些人说，将来我要成为一个大公司的董事长。什么时候讲呢？在他每晚喝了酒后"话兴大发"时。天天喝酒，天天话兴大发。

3年过去了，5年过去了。那些打扑克牌的人技艺可能提高了，但还是一贫如洗。那些想成为公司老板、天天喝酒的人，除了把肚子喝大了，公司还是没有踪影。

他们的问题出在哪里？最重要的一点，没有给自己的目标设定最后的期限。而这样的目标，不管多么伟大，听起来多么动人，都只是说大话，吹牛皮。

这些人想法很好，但没有计划，也不开始行动，因为没有设定期限，所以也没有紧迫感。

所以，要想赚钱，要想成功，就要设定一个目标，而最重要的是，当你设定一个目标时，一定要把相应的最后期限规定好，然后强迫自己在规定的期限内去完成。

在现实生活中，我们发现许多惰性者，他们甚至不分事情的轻重，一律拖延。这是他们性格的弱点。有些事情的确是你想做的，绝非别人要你做，然而，尽管你想做，却总是一拖再拖。比如脏衣服该洗了，拖到下个星期再洗，因为这个星期太忙。房间里太脏乱了，拖到明天再整理吧，因为今天太累了。我们知道应该每天晚上至少花一个小时来学习提高自己技术或业务水平的资料，但是这段时间心情不好，所以先看看电视放松一下，过两个星期再说吧。

人生中 80% 的可利用时间都被"拖延"两个字浪费了。想想看，你在年初订的目标到年底时实现了几个？是什么原因没有实现。

要克服拖延的习惯，一个很有效的方法就是为每件事设定最后期限。强迫自己不吃饭、不睡觉也要完成任务。你可以从小事做起，先把每天需要完成的事情当天做完，如洗衣服、搞清洁、看书学习、身体锻炼等。把每天的目标仔细写在纸上，坚持完成当天的任务。一个月后，你就会养成做任何事都设定期限并按时完成的习惯。这个习惯将是你致富的关键。如果你在工作中能做到每次按时完成工作目标，你的加薪和升职很快就会实现，如果你是老板，你公司的业绩很快就会提升。

有时候，制订了目标，也设定了完成的最后期限，但是还是完不成，这怎么办？答案很简单，再定另一个期限来完成。人的大脑就像电脑一样，你输入什么指令，它就会做出什么样的工作，所以不能对自己太客气、太宽容，当你养成了设定期限并完成的习惯，你的大脑里就自动安装上了准时实现目标的系统，到那时，你想拖延都不可能。因为你头脑里的拖延系统已经不存在了。

> ⊙ 常人与富人的思维精要
>
> 常人想：未来的几年里我一定会成功，从明年开始我一定努力。
>
> 富人想：从现在开始我就要制订计划，明年我要再赚 100 万元。

穷人赚眼前的小钱，富人赚未来的大钱

富人思来年，穷人思眼前。

如果只顾眼前利益，而不从长远利益去谋划，那么，到最后眼前利益也会失掉。一个精明的人，不但要考虑到眼前利益，甚至在眼前失利、陷入忧困的情况下，也要去研究、规划长远，把眼前的利益放在长远规划之中。美

国《幸福》杂志一篇评论当代企业领袖必备的标准的文章中指出:"那些畏惧矛盾,不敢有长远规划的企业家最终将退出舞台,因为人们渴望追随的是那些具有远见卓识的企业领袖。"

有长远意识是对现代商人的基本要求。

唐代京城中有一位窦公,头脑灵活,很善于理财,但他财力微薄,难以施展赚钱本领,没有办法,他只能先从小处赚起。

他在京城中四处游荡,寻求赚钱的门路。有一天,他来到郊外,青山绿水,风景非常美。有一座大宅院,房屋严整,是一位宦官的住宅。他围着宅院转了一圈,来到宅院后花园外,看见有一个水塘。但因为没有人管理,显得有点凌乱肮脏。窦公眼睛一亮,心想:发财的门路来了。于是就打听这水塘是谁家的。见到水塘主人,两人寒暄了半天,窦公说自己想在城外寻一养鱼池,看中了你家的水塘,不知道愿不愿意卖。水塘主人觉得那是块不中用的闲地,就以很低的价钱卖给了他。

窦公买到水塘,存下的几个钱已用去大半。他又借了些钱,请人给水塘砌了石岸,疏通了进出水道,种上莲藕,放养上金鱼,围上篱笆,种上玫瑰。

第二年春天,玫瑰花盛开,香气四处飘散,那位宦官休假在家,逛后花园时闻到花香,便打听香从何处来。奴才们带他到花园后面一看,馋得他直流口水,心想若能把这里圈入花园,那该多好。窦公在旁边看着,知道鱼儿上钩了,便凑上前来,躬身施礼,邀请这位宦官参观。当宦官极口称赞此处风景时,窦公立即表示可把此地奉送给他。宦官听了之后,有点不相信,直到窦公交出地契后,才明白这是真的,连忙以钱相送,窦公怎么也不收,宦官有些过意不去。

这样一来,两人成了朋友,常常在一块儿闲谈。有一天,窦公装作无意地谈起想到江南走走,宦官忙说:"我给您写上几封信,让地方官吏多加照应。"

窦公带了这几封信,往来于几个州县,贱买贵卖,又有官府撑腰,没过几年便赚了大钱。而后又回到京师，准备干一番事业。

他早已看中了皇宫东南处的一大片低洼地，心中有一套干事业的计划，但只因为资金不足，无法实施。如今有了钱，他要回来完成计划了。

那里因地势低洼，所以地价并不贵。窦公买到手之后，雇人从邻近高地取土填平，然后在上面建筑馆驿，专门招待外国商人，并极力模仿不同国度的不同房舍形式和招待方式。所以一经建成，便顾客盈门，连那些遣唐使也乐意来住。同时又辟出一条街来，多建娱乐场馆甚至杂耍场，把这条街建成"长安第一游乐街"，日夜游人爆满。

没有几年，窦公挣的钱数也数不清，成了当时首屈一指的富商。

窦公可谓是放长线钓大鱼，为了实现长远利益，他处心积虑，心甘情愿地放弃眼前的小利，实乃经营有方。

> ⊙常人与富人的思维精要
> 常人想：刚刚失业，为了生活我要先找个工资低的工作过渡一下。
> 富人想：对待我的事业要像找对象一样，不能草率。

在自己能力范围之内吃螃蟹

敢闯敢干是一个良好的品质，但是绝不能鲁莽。怎么区别敢闯敢干与鲁莽呢？

有这样一个比喻：一个人要进一个山洞里面取一块金砖，如果那山洞里面全是野狗，就可以搏一搏；如果那山洞里面全是老虎，要是再进去的话，就是鲁莽了；如果那山洞里没有任何动物，也没有金砖，要是再进去的话，就是乱闯。想赚钱，一定要分清敢闯敢干与鲁莽乱闯的关系，要区分清楚什么是勇敢、什么是无知。

无知的冒进，也就是乱闯，只会使事情变得更糟，无知的行为将变得毫无意义，只能惹人耻笑。

比如挖金子，穷人没有多少财富，只有一把锄头，就想东挖西挖，一锄挖个金娃娃。绝大多数的情况是没有挖到，穷人还是穷人。富人自己是不要锄头的。如果他想得到金娃娃，他会组织勘察，找到金矿，把情况弄清楚，把开发的手续办妥，把保卫的人员找够，再组织有技术的人去挖、去淘、去炼，靠科学的方法，井然有序地干。而最终如果有收获，也不是一个两个金娃娃，而是稳定的、源源不断的金子，每天从他的机器里生产出来。

富人有钱绝不是偶然，而穷人就算偶然有了钱，也难以长久。

商人鲁冠球说："一个企业的成功是很难找到规律的，许多时候它都与机遇有关。但失败是有规律的，那就是超越了自己的能力。"要在自己能力范围之内吃螃蟹，好比瓮中捉鳖。这样的人，既有胆识、有眼光，也很稳妥，哪有不成功的道理？

一旦决定经商、创业，你就需要具备一定的商业知识和经营之道，要学会眼观六路，耳听八方，把握商机，开拓业务。其中，精通本行业的业务尤其重要。否则你就是"乱闯"，不会有什么好的结果。

敢闯，但绝对不要乱闯，这是一个很简单的道理。经商的人应该以自身知识与经验为后盾，凭着高屋建瓴的远见卓识、果敢迅猛的冒险精神，当机立断地做出决策并付诸实施。

⊙常人与富人的思维精要

常人想：要闯就大胆地闯，不管可行不可行，做了再说。

富人想：自己能力做不到的事情不做，宁可少赚，也要减少冒险。

把未来5年的宝押对

有一个大学生，毕业两年后就以专业设计师自居，对商人完全不屑。有一天，他的老板把他叫到了大厦顶端，对他说：

"你看，我们的项目开始了，这里，是设计部，那里是施工场地，那边，是销售部门。"

"看到了吗？设计，也只是生意中的一部分，你要站在一定高度看问题，每一个部门都是其中的一环。"

一位商人说："我每天的工作中，有95%是为了未来5年、10年、20年做预先计划。换句话说，是为未来而工作。至于那些成熟的事业，我会少插手，最多只管5%的事务。"

从事商业活动，尤其是希望有大的发展，一定要有高瞻远瞩的眼光，不能只盯着眼前的蝇头小利。所谓"庸者赚今天，智者赚明天"的古训，说的正是这个道理。

作为商人，在具备了做大生意的某些基本条件的情况下，他的眼光有多远，往往决定着他的生意能够做多大。我国清朝末年资本主义萌芽时期的著名"红顶商人"胡雪岩就说过这样的话："如果你拥有一县的眼光，那你可以做一县的生意；如果你拥有一省的眼光，那么你可以做一省的生意；如果你拥有天下的眼光，那么你可以做天下的生意。"

所以说，身为商人，要想于商海千帆竞渡中拔得头筹，就必须具备战略家的思维和胸怀。只要你眼光独到，总能发掘出别人从未发现的机会，从而获得令人羡慕的财富。眼界准，就能把握机遇，在经营中不走或少走弯路；眼界宽，就能在纷繁复杂的市场经济大潮中以小见大，看得全面透彻；眼界高，就会追求无止境，事业更辉煌。

如今，虽然经济活动更为纷繁复杂，但是仍然具有很强的规律性。从大的方面看，整个国际经济形势有好有坏；从小的方面看，股票市场也是一段熊市一段牛市，有涨有落，不断循环，反复轮回。

所以，任何事物都有规律可循，只要我们善于发现，就能找到并把握它。常言道"早卖鲜，午卖蔫"，早上菜市场的蔬菜新鲜价格攀升，到了下午临近打烊时回落，不出意外，几乎每天都是如此。蔬菜为什么在早上价格高，晚上价格低，与什么有关？稍一仔细观察，不难发现，早上的菜，一般刚从地里收获，新鲜味美，自然需求者众。脱离土壤滋润，货架上的蔬菜新鲜度自然不会保持很久，到了下午新鲜蔬菜逐一脱水，其价值大跌，自然光顾者寥寥，价格也就下滑。

为什么我们感叹找不到规律，甚至面对种种现象却丈二和尚摸不着头脑呢？或者经常抱怨集中不了精神，想不出好点子来应对各种问题？其实，被现实的纷繁复杂打乱思维的我们，只要保持一颗平常心，留心观察身边的点点滴滴，培养思考的习惯，从小事入手，训练自己摸索规律的能力，久而久之，就能炼就一双能洞穿现象、找到本质的火眼金睛。当你能够看透隐藏在现象背后的本质，把握现象与本质之间的联系，掌握相应的规律时，面对的问题也就能迎刃而解了！

随着研究的进一步深入，你得到的规律越接近本质，方法也就越多，实现目标的途径也就会越多。

⊙常人与富人的思维精要

常人想：未来的事情谁知道呢？没必要想那么远，车到山前必有路。

富人想：企业家就是企划事业的专家。企业家的本领不在单纯赚钱上，而在于企划有前途的事业，并坚定地成就事业。

◀ 第4章　一定要有目标和野心：如果你不知道自己想去哪里，就不会到达

要有野性，更要理性

要赚钱，你必须有赚钱的野心。野心是什么？野心就是目标，就是理想，就是梦想，就是企图，就是行动的动力！

研究创造行为的心理学家，将野心看作一种最有创造性的兴奋剂，他们相信野心在本质上就是充满活力的品质。

一位哲学家说："自我实现是人类最崇高的需要之一。它从来都是人生的兴奋剂，是一种抑止人们半途而废的内在动力。自我实现的欲望越强烈，一个人在他的生活旅途中就越信心百倍，成果卓然。"

试看天下财富英雄，大多是野心家，就像索罗斯、巴菲特、马斯克等。

做生意没有野心，就没有财富。有野心并不是坏事，有野心才会有动力、有办法、有行动。赚钱的野心要越大越好。

朱仲荣古稀之年艰苦创业的故事，让人佩服，同时也为他"老骥伏枥，志在千里"的"野心"所折服。

1992 年，朱仲荣老人与女儿在美国纽约开办的朱记锅贴正式开张了，当时朱老先生已有 70 多岁了，按照中国传统观念，他已到了古稀之年，应该在家休息养老，享受儿孙满堂的天伦之乐。

最初 5 年，朱记锅贴只是路边大排档，但朱老先生并没有灰心，因为他骨子里有着做大生意的"野心"，多年来，老人靠着让"朱记锅贴"称霸全美的野心，一步一步艰辛地走过来了。每天从早上 5 点开锅，一直卖到晚上 10 点收摊，才坐下吃晚饭，中途几乎没有歇气的机会。但年逾古稀的朱老先生没有叫过一声苦，没有说过一声累，为儿孙们做出了榜样。由于他们朱家有多年自制锅贴的经验，比起市面上一般机器加工制作的锅贴水饺，口感很

不一般，所以，在路边街头开张后很受华人欢迎，生意蒸蒸日上。

到 1997 年 8 月，朱老开始了他真正的"野心"之旅。他扩租了店面，增加了人手，扩大了朱记锅贴的业务。朱记锅贴不再是单一的锅贴，还经营包括饺子、馒头、包子在内的一些富有华人特色、大家喜闻乐见的吃食。随着生意的兴隆，儿女们也不断移民过来，朱老便又开了三家连锁店，两个女儿和小儿子各有一份股份，而他自己只收银管账。朱老的野心在经风历雨之后终成现实。

"温州人纽约十年铸就传奇，朱记锅贴香飘美国纽约"——这是美国《世界日报》对朱老在纽约成功创业的报道的标题。在纽约，人们提起朱记锅贴可以说是无人不知，无人不晓。

想发财的人就要时时有做老板的"野心"和追求成功的"欲望"。如果你没有做老板的"欲望"，你就不会用老板的思维去思考，不会用老板的眼光去看待事物，更不会以老板的姿态去做事。试想，这样的人不就只能一辈子替人打工吗？

盛大网络创始人陈天桥说："当每天收入到 100 万元的时候，我觉得它是诱惑，它可以让你安逸下来，让你享受下来，让你能够成为一个土皇帝。当时我们只有 30 岁左右，急需有一个人在边上来鞭策。就像唐僧西天取经一样，到了女儿国，有美女、有金钱，你是住下来还是继续往西天？我们希望有人在边上不断地督促说：你应该继续往你取经的地方去，这才是你的理想。"

人这一辈子很短，要"大胆下注"。的确，健康的野心乃是富人赚钱的伟大力量。但是，野心更要建立在理性思考和行动的基础之上。

> ⊙常人与富人的思维精要
>
> 常人想：每个月领工资没有风险，生活过得去就行了。
>
> 富人想：即使你做了微软的 CEO，IBM 的总裁，都还不如一个小卖部的老板值钱。不管走到哪里，想要创业，野心永远都不要失去，只有自己才不会背叛自己，自己才不会炒自己的鱿鱼。

第5章
小聪明赚不了什么钱，真智慧能赚大钱

统计数据表明，很多成功商人的学历并不高，家庭背景也很一般。那么，是什么因素导致这些人发了大财，成为成功人士？是智慧，不是小聪明。小聪明不等于智慧，小聪明赚不到钱，唯有智慧能赚大钱。真正白手起家的富豪，学历不一定高，但一定很有智慧，他们是最善于学习赚钱的一族，他们都有学习赚钱的不凡历程，他们通过学习摸到了赚钱的规律，掌握了赚钱的门道，执掌了赚钱的牛耳，成为财富英雄！

一些运动员赚钱不菲，但迈克尔·乔丹说："我不是用四肢打球，而是用脑子打球。"用四肢不用脑子做事的人，只能是别人的工具，是别人大脑的奴隶，是赚不了大钱的！世界上所有富翁都是最会用脑子赚钱的，你就是把他变成穷光蛋，他很快又成为富翁，因为他会用脑。

真正白手起家的富豪，学历不一定高

浙商是全国人数最多、比例最高、分布最广、影响最大的投资者、经营者群体。这个群体是非常厉害的。

在各种富豪排名榜上，来自浙江的老板比其他省市的都要多。和其他地方的大老板往往来自转制后的国有企业或者集体企业不同，浙江民企100强里面，约有90%的老板出身于农民、工人、裁缝、修鞋匠等阶层，他们中70%以上只有初中以下学历。因此有人把他们叫作"草根浙商""草莽英雄"。

他们的成功不是一步登天，更多的是通过白手起家慢慢从"草根"长成"大树"。

鲁冠球，万向集团的董事局主席，曾做过铁匠；南存辉，正泰集团的老板，办企业之前是修鞋匠；雅戈尔集团的总裁李如成，发达之前也是工人；华立集团的老总汪力成，干过丝厂的临时工……

浪莎袜业创始人翁氏三兄弟——翁关荣、翁荣金、翁荣弟最初也是从"沿街叫卖"开始，通过贩卖袜子、衣服获利。直到1995年10月，义乌浪莎针织有限公司成立，续写了浙商创业做老板的新篇章。

翻开浙商悠久的发展历史，答案是不言而喻的，那就是一种精神，精神不灭，生命之树长青。我们可以归纳出发挥作用的以下几种精神：

1. 创造精神。浙江先民就极富创造精神，在浙江的学术史上，涌现了不少极富创造性的学者和思想家，如黄宗羲、鲁迅。

2. 开拓精神。浙江是在人口流动、各种文化交流更替中发展过来，地域文化、中原文化、西方文化特征在浙江混杂并存。浙江人也兼收并蓄，形成了极其活跃的浙江文化。

3. 思想解放精神。浙江人不保守，总以开阔的胸怀和辛勤的创造去改变现实，迎接未来，这使浙江商人充满了生机与活力。

4. 求实精神。浙江人主张在理论上讲求实理、讲实效，在行动上验证是非，反对空洞的说教。

这传统的四大精神正是商业精神的基本要素，影响着一代又一代的浙商，使他们被称为"中国的犹太人"。

现在的浙商大多已经走过了"草根"时代，浙商中的"大树"已经蔚然成林。小草的生长机制和大树的生长机制是不一样的，浙商想要更进一步，还必须转换发展思路，创新运营模式，那么这些逐渐成长起来的"大树"才不至于萎缩甚至死亡。这就是要学习、交流、合作和创新。

> ⊙**常人与富人的思维精要**
>
> 常人想：知识经济时代，学历高的人赚钱就多，没有钱是因为学历不高。
>
> 富人想：做生意，没人会看你的出身，没人会在乎你之前是干什么的，做过什么，只要讲信用、重感情，都可以来往，这叫"英雄不问出处"。

AI时代，你一定要用脑子

现在什么时代了？AI时代了，人工智能时代了。炒股都进入量化时代了，你再不动脑子怎么行。

思想和智慧，是一个人立足的根本，有了智慧，你到哪里都吃得开、玩得转。可以说人的智慧高于一切，知识经济从来就有存在的土壤。

在财富时代，你更要用脑子赚钱。你见过谁用四肢赚大钱的？就连迈克尔·乔丹都说："我不是用四肢打球，而是用脑子打球。"所以他球打得好，也赚了不少钱。

用四肢不用脑子做事的人，只能是别人的工具，是别人大脑的奴隶，是赚不了大钱的！用四肢只能赚小钱，用脑子才能赚大钱。一位商人说："一流商人是精明加厚道，二流商人是精明加精明，三流商人是厚道加厚道。"就是这个道理。

经商是一门很深的学问，经商不仅需要资本，更需要智慧，需要精明的头脑。用智慧经商不是耍手腕，它只是一种正确的思维方式、操作技巧和办事方法。

著名经济学家、诺贝尔奖得主布坎南说："对21世纪的商人而言，头脑是最大的资本。"中国商谚里更有"三年能学套好手艺，一辈子学不够的买卖人"之说。

知识经济实质上是智力经济，是一种以知识的生产和人的智力的充分发挥为支撑的、全面创新的新的经济形态。经商不是一个体力劳动，而是一个有智慧、有技巧、有思考，符合一些客观规律的逻辑过程。在知识经济时代，人的智力、知识、信息等无形资本的投入对经商成败起着决定性的作用。

努力未必成功，智力可以决胜千里。智商高的人未必是经商高手，但经商高手一定具有很高的智商。在竞争日趋激烈的市场中，要么优秀，要么退出。优秀的商人虽都经历过九死一生的考验，但在生意上的敏感性极强，头脑极其灵活，在无商机处看到商机，比别人多迈半步，永远走在利润的前头。

这就要求商人腿勤、嘴勤，更重要的是脑袋要勤。只有勤思考，才能及时整理收集到的各方面资料信息，做到有条不紊地掌握前进的方向。只有勤思考，才能进行战略管理和创新思维，才能在经营活动中另辟蹊径，避免和别人挤在一条船上分一杯残羹剩饭。

你一定听说过这样一个故事：

两个青年一起去开山，一个把石块砸成石子运到路边卖给建房的人。另一个直接把石块运到码头卖给花鸟商人，因为这儿的石头总是奇形怪状的，他认为卖重量还不如卖造型。三年后，他成为村里第一个盖起楼房的人。

后来，山坡成了果园。这里产的鸭梨汁浓肉脆，八方商家纷至沓来，把梨子成批地运往全国各地，甚至发往国外。就在村上的人为鸭梨带来的小康日子欢呼雀跃时，曾卖过石头给花鸟商人的那个青年卖掉了果树，开始种柳。因为他发现，来这儿的客商不愁挑不到好梨子，只愁买不到盛装梨子的柳筐。五年后，他又成为村里第一个在城里买商品房的人。

虽然万物可商，但真要做好需要眼光锐利、思维灵敏。

经商忌讳脑子不灵，做奸商却不可取。有人说"无商不奸"，其实是一种误解。智慧本身没有好坏，用之正道则是"阳谋"，用之邪道则是"阴谋"。很多商人相信自己的小聪明能胜过别人的大智慧，当赢得一点小利时，就以为是达成了，其实，这离经商的至高境界相去甚远。

> ⊙ 常人与富人的思维精要
>
> 常人想：只有努力工作、拼命干活才能赚钱。
>
> 富人想：做企业，就是选择每天都睡不好觉的生活，白天你用前面的脑子想问题，晚上还得用后面的脑子想问题。

富翁的钱都是"想"出来的

不懂得积极思考，就注定走向平庸。善于变通，使用创新思维进行经营，常能让事业获得更多成功的可能。一个人生存的环境可能突然从正常状态变得不可预期、不可想象、不可理解，就像无头苍蝇随时会撞上无法理喻的"玻璃墙"。

思路是唯一的出路，我们要不断淘汰自己，否则竞争将淘汰我们。

有这样一个故事：有一位盲人以乞讨为生，一年四季不停地奔波，才能勉强不饿肚子。他想，这样下去，等到不能动时，不就饿死了吗？一年春天，他来到一个地方，耳边处处是欢声笑语，突然他来了灵感，写了一个牌子：春天来了，可是我什么也看不见……那一天，他讨到了过去一年才讨得到的饭钱。

这看似一个笑话，但我们不能一笑了之，这位乞丐为何前后两重天，这告诉我们思考是工作的眼睛，善于思考可以避免工作的盲目性。一天思考周到，胜过百天徒劳；一次深思熟虑，胜过百次草率行动。一个善于思考的人，才是力大无边的人。

做生意也是如此。有位记者曾问年轻的微软公司总裁比尔·盖茨："你成为当今全美首富，个人资产高达550亿美元，成功的主要经验是什么？"比尔·盖茨十分明确地回答说："一是勤奋工作，二是刻苦思考。"

成功学大师拿破仑·希尔在《思考致富》一书中说："如果你想变富，你需要思考，独立思考而不是盲从他人。"富人最大的一项资产就是他们的思考方式与别人不同。

有一个公司在创业初期，生意好得不得了，客户要添货的电话此起彼伏。于是老板一门心思扩大再生产，他也因此特别忙，真可谓"两眼一睁，忙到熄灯"。

有一次，一位在美国工作的老同学来拜访他，只见他办公室的电话铃响不断，请示工作的人一个接一个。老同学很奇怪，问道："你每天都这么忙吗？"他说："是啊！真没办法。"

在要告别的时候，老同学说："你这么忙，这样下去，公司很危险！"他一听，微微一笑："怎么可能呢？"老同学说："因为每一种产品都有它的生命周期，你整天忙得晕头转向，无暇思考，这样企业下一步将会面临什么情况，企业如何应对与发展，你却没时间思考，这样很危险。" 听了这些话，他觉得很有道理，于是把一些具体事务交给下属去办，自己空出一些时间来思考，思考新产品开发，思考企业下一步的发展……

果然，没出两年，企业原来畅销的产品走下坡路了。幸好他听了老同学的话，早有准备，开发了第二代产品，从而使企业渡过了难关。

现在，这位老板不怎么管事，他的主要任务就是"思考"企业的未来。他还经常在企业理念宣导会上给下属讲这个案例，目的是要求每一个员工都学会思考，每天要对当天的工作进行总结，对明天的工作进行计划。同时，要常常想下一步的发展。

在财富时代，一定要善于思考。美国通用电气公司前总裁杰克·韦尔奇说过："有想法就是英雄。"

> ⊙ 常人与富人的思维精要
>
> 常人想：钱是干出来的，不是想出来的，谁都想有钱，光想有什么用？既然没用又何必去想呢？
>
> 富人想：想赚钱，就要有想法，就要勤于思考，通过思考赚钱和通过体力赚钱，根本就不在一个数量级。

不要企图靠耳朵赚钱

巴菲特说：让一个百万富翁破产最快的方法就是告诉他小道消息。真相不可能出自知情人士之口，这是投机游戏的本质。

股市上，散户们总是竖起耳朵，东打听西打听的，无不是想听点消息，沾点"主力"的光，结果却常常被主力牵着鼻子走，成了别人口中的羔羊。

股市上的"主力"，说白了，就是有能耐兴风作浪的一小群人，是机构、庄家，或者上市公司本身。主力到股市是干什么来的？绝不是来解放穷人的。来股市的人只有一个目标，就是赚钱。

现在有的人确实靠嘴巴赚了钱，但他说话之前首先必须想好说什么。也有些人企图靠耳朵赚钱，自己不动脑，到处打听消息，特别是在股市里，今天听个内幕消息就买，明天听个小道消息就卖，跟风头，随大溜，最后被套赔钱。现在大多数股民都这样，不知道自己的脑子是干什么的！

人生可能会面临许多选择，但关键的选择也许只有一两次，在这种时候，正确的选择可能会让人拥有一个灿烂的人生，而错误的选择则可能会让人付出一生的代价。

在所有的错误选择中，由听信小道消息做出的，最为普遍，后果也最严重。

比如：

"专家说，中国的房价是只涨不跌的。"

"据说，最近股票市场上证指数能升到10000点。"

这种说话方式常见于没有根据的辩解、闲聊和道听途说。如果你据此选择买房和买股票的话，那多半会蒙受巨大的损失。

有的人得了病，被一些江湖郎中忽悠得失去理智，或者听信某个亲戚说什么地方某个大师很灵，于是不去正规的医院，而是选择去那些没有营业执照的黑心医院，甚至去求神拜佛或服用所谓的"秘方"，结果导致延误诊治的时间。

在多数情况下，小道消息是人们茶余饭后的谈资，仅仅起消遣的作用，但有时，因为年轻人经历少，经验不足，在没有搞清楚事情的真相前，就相信这些小道消息，于是产生了很多负面作用。

⊙常人与富人的思维精要

常人想：当今时代，信息是赚钱的根本，多从别人那里打听消息，根据这些消息就能赚大钱。

富人想：小道消息最不可靠。在没有了解事情的真相之前，若只是道听途说或者一知半解，那么就不能忙着下决定、做选择。

竞争得法，不可狡诈

中国有句话："小胜在巧，大胜在智。"想赢两三个回合，赢三五年，有点小技巧就行；要想做大生意，要想一辈子赢，没有"智慧"绝对不行。虽然人人都说"无商不奸"，可是又有几个奸商能把生意经营得红红火火，维持得天长地久呢？这是一个靠智慧竞争的时代，而不是一个靠狡诈竞争的时代。

所以，真正的大商人从来不为了赚钱而赚钱。他们认为，作为一个商人，利润当然是第一位的。没有利润，也就谈不上企业的生存。但是，商人绝对不能为了赚钱而赚钱，不能为了利润和野心而做一些出格的事。

有一个在中国商人之间世代流传的故事：

某县城南街开着两家米店，一家字号"永昌"，另一家叫"丰裕"。

丰裕米店的老掌柜眼看兵荒马乱生意不好做，就想出个多赚钱的主意。

某日，老掌柜把星秤师傅请到家里，避开众人，对星秤师傅说："麻烦师傅给星一杆十五两半一斤的秤，我多加一串钱。"从前的秤十六两一斤，因此有半斤八两之说。

这位星秤师傅为了多得一串钱，就忘掉了德行，满口答应下来。老掌柜吩咐完毕，留下星秤师傅在院里，自己就踱进米店料理生意去了。

米店老板最小的儿子两个月前娶一塾师的女儿为妻。新媳妇正在屋里做针线活，公爹吩咐星秤师傅的话被她听见了。

等老掌柜离开后，新媳妇沉思了一会儿，走出新房对星秤师傅说："我公公年纪大了，有些糊涂，刚才一定是把话讲错了。请师傅星一杆十六两半一斤的秤，我再送您两串钱。不过，千万不能让俺公爹知道。"星秤师傅为了再多得两串钱，就答应了。

不久，"丰裕"米店的生意兴旺起来，"永昌"米店的老主顾也赶热闹，纷纷转到"丰裕"买米。又一段时间后，县城东街、西街的人也舍近求远，穿街走巷来"丰裕"买米，而斜对门的"永昌"米店简直门可罗雀。

年底一算账，"丰裕"米店发了财，"永昌"米店没法开张了，把米店转让给了"丰裕"。

老掌柜心里高兴，让大家总结自家发财的奥秘。大家七嘴八舌，有说老天爷保佑的，有说老掌柜管理有方的，有说米店位置好的，也有说是全家人齐心合力的……

老掌柜自以为聪明，扬扬得意地说："你们说得都不对。咱靠啥发的财？是靠咱的秤！咱的秤十五两半一斤，每卖一斤米，就少付半两，每天卖几百几千斤，就多赚几百几千个钱，日积月累，咱就发财了。"接着，他把年初多掏一串钱星十五两半一斤秤的经过说了一遍。儿孙们一听，都惊讶得忘了吃饺子。惊讶过后，大家都说他不显山不露水的，连自家人都没察觉，就把钱赚了，老人家实在高明。

这时，新媳妇再也坐不住了，就从座位上慢慢站起来，对老掌柜说："我有一件事要告诉爹，在没告诉爹以前，希望您老人家答应原谅我的过失。"待老掌柜点头后，新媳妇不慌不忙，把年初多掏两串钱星十六两半一斤秤的经过讲给大家听："爹说得对，咱是靠秤发的财。咱的秤每斤多半两，顾客就知道咱做买卖实在，就愿买咱的米，咱的生意就兴旺。尽管每一斤米少获了一点利，可卖得多了获利就大了。咱是靠诚实发的财呀。"

第二天吃过年初一早饭，老掌柜把全家人召集到一块，从腰里解下账房的钥匙说："我老了，不中用了。我昨晚琢磨了一夜，决定从今天起，把掌柜让给老四媳妇，往后，咱都听她的！"

真正的大商人不怕任何对手，甚至不看他们，更不会费尽心思地去研究，更谈不上下套子挖墙脚。

一位商人说："我认为真正的竞争还是和自己，所以我们不去研究竞争对手。只有研究明天、研究自己、研究用户，才是根本，才是往前看。研究对手只会伤害你，因为你把你自己的强项丢掉了。"

现在社会上也有一些商人，有了一些钱后，就立马想着能够利用自己手中的钱赚更多的钱，于是大张旗鼓，去做一些越界的事情，结果会失去所有人的信任，最后只能落得人财两空。

⊙ 常人与富人的思维精要

常人想：无商不奸，想赚钱，就不能太实在，能多赚一分是一分。

富人想：赚钱靠的是智慧，而不是狡诈。狡诈只能赚小钱，智慧才能赚大钱，长久地赚钱。

越扎堆，生意越旺

扎堆做生意，最有名的是浙江人。

在每个城市的商圈，人们时常能听到一群操着奇怪方言的人在一起兴奋地交谈，让旁听的人一头雾水。不用说，那肯定是一群浙江人。这种奇怪的方言具有很强的凝聚力，能快速拉近出门在外的浙江人之间的距离。

在浙江很少有人吃独食，他们每到一地就扎堆。通常是一个人在一个行业有利可图，赶紧让亲朋好友一起做，一个人在一个地方挣钱，立即招呼亲朋同往。这也是全国许多大中城市的专业市场内经营者大多是浙江人的原因。

在北京、石家庄等大中城市都有浙江村，一个带出几个，几个带出一片，如今浙江村甚至将篱笆扎到了法国、意大利、美国等几十个国家和地区。浙江商人建立了一个强大的信息网络。同样，这个网络也为浙江人互助互学、相互策应、协调对外交往、在异域经营事业提供了诸多便利。

浙江商人薛李桃把福州称为"福地"。说起来福州创业时，薛李桃笑说是"逼出来"的。1992年左右，新婚两三年的薛李桃因为"台会"的事情，欠下一笔债务，不服输的她毅然决定出门打拼。当时福州商业城正在招商，薛李桃便尝试着和兄弟姐妹合伙，买下三间店铺后开始了福州的创业生涯。

刚开始，薛李桃经营服装生意。几年后，商业城拆迁，位置偏远的福州大鞋城开始兴建。第一年，薛李桃买下两间店铺，开始了皮鞋批发业务。鞋城启动后，精明的薛李桃瞄准商机，六姐弟一人买下一间店铺，这在当时可是大手笔。"你不怕亏了吗？"记者问。"咱们家乡有句老话，'好做酒，坏做醋'，看准了就背水一战！"薛李桃想起当时的决定，为自己的勇气而自豪。

虽然几个兄弟姐妹都在鞋城做生意，刚开始时经营却非常艰难。因为是外乡人，同行竞争是免不了的，吃亏受气的事情也少不了。让薛李桃庆幸的是，虽然六姐弟都做着同样的生意，但"同行生意"从不伤和气，反而是互相帮助，关系非常融洽。目前，薛李桃一家代理着十几个温州品牌，如万圣、百纳、顶派等，都成了福州当地人喜爱的皮鞋品牌。

如今一到福州大鞋城，问起温州人，当地人都知道薛李桃的"姐妹街"。另外，薛李桃的堂弟妹也都来福州做生意，薛李桃的"姐妹军"阵容在不断扩张……

"一个好汉三个帮，一个篱笆三个桩"，呼唤朋友、扎堆做生意的浙商正是凭借着这种"抱团精神"吃遍天下无敌手的。

> ⊙**常人与富人的思维精要**
>
> 常人想：这里已经有一家饭店了，我不能在这里再开了。否则，顾客到他家就不到我家，到我家就不到他家，谁也做不好。
>
> 富人想：一个人做事不赚钱，大家一起做事才赚钱，有钱大家一起赚。扎堆做生意，这样市场才能被烘起来。

小生意靠勤奋，大生意跟趋势

如果你只想糊口，只想挣点小钱过日子，那勤奋一点就可以，俗话说"天道酬勤"，只要你手脚勤快，就不至于饿着。但是，你如果想挣大钱、干大事业的话，除了勤奋，还要跟准大势。

一位富翁问他刚大学毕业的儿子："你的梦想是什么？要用青春来做什么？"儿子兴致勃勃地回答："我要在北京设计一个艺术村，那将是世界上最大的迷宫，好让搞艺术的人有个据点儿，全中国只有北京能养得起艺术家！"

父亲笑了笑说："很好的梦想，但是要实现这样的梦想，除了努力，你还需要遇到这样一个时代，这个时代的人们不再满足于一般性的成功，不再满足于一般性的物质需要，这个时候你的梦想才能实现，而这样的建筑的出现也是一种必然。想做大生意，就必须看清未来的大趋势。"

看清形势能及时地把握时事的动向，抢占先机。李嘉诚说："我的成功之道是：肯用心思去思考未来，当然成功概率大，且能抓到重大趋势。"

人类发明第一辆火车时，它造价又高，跑得又慢，还要铺上铁轨，劳神费力，那时候，火车的效率可能远远不及传统的马车。

但是火车注定是要战胜马车的，这是历史的趋势，并不因为暂时的优劣而改变。也许从当时的经济效益看，坐马车更划算，但选择不同的车就是选择了不同的时代，也就是不同的生存方式和不同的前景。

掌握趋势就是掌握未来，掌握发展的机会。当一种趋势苗头初现时，能够发现，并且把握住，就是真的英雄。

当年，一个叫克罗克的混乳机推销员，在一次偶然的机会，从业务报表上发现，有一家名叫麦当劳的餐厅一口气订购了8台混乳机，而一般的店也不过只需要一两台。他就从这个订购单上发现了苗头，他认定这是一家不一般的店，立刻动身前往。这一去改变了他一生的轨迹。

克罗克到了麦当劳餐厅，立刻被那种独特的快餐氛围所感染。他意识到，在大工业时期，麦当劳这样的快餐店正是潮流所在。他立即找到店主麦当劳兄弟，提出他的扩张计划，他要在美国克隆出遍地的麦当劳快餐店。但麦当劳兄弟并不感兴趣，就凭着洛杉矶这一个店，一年已经稳赚10万美元，这在当时不是个小数字，他们已经很满足了。经过艰苦的谈判，克罗克才获得条件苛刻的授权，开始在美国各地推销麦当劳连锁店的加盟权。

当年的克罗克已有53岁。他不仅放弃了熟悉的工作，还得自己承担连锁店的营销费用，四处奔波而赚钱又少，损失惨重。但克罗克认准了，绝不放弃。6年之后，麦当劳在全美国的连锁店达到200多家。克罗克又冒着倾家荡产的风险，借了270万美元，把麦当劳这个商标买断，他终于成了麦当劳的主人。之后仅仅过了10年，美国的麦当劳连锁店就达到700多家，股票也上市，克罗克本人当然也成了富人。

麦当劳兄弟创立了麦当劳，又失去了麦当劳，他们可以经营好一个店，却没有战略的眼光，看不到未来的趋势，以至于经营了25年，一个店还是一个店，直到克罗克的出现，才把麦当劳打造成了一个王国。

识时务者为俊杰。什么是时务？就是形势，就是趋势，就是对事物现在和未来的准确判断。一件事情，重要的不是现在怎样，而是将来它会怎样。

看清了它的将来，坚定不移地去做，这就是很多富人成功的秘诀。

> ⊙**常人与富人的思维精要**
>
> 常人想："天道酬勤"，只要你手脚勤快，就不至于饿着。
>
> 富人想：靠勤劳可以保证你挣到小钱，但要想挣大钱必须靠智慧。从靠汗水挣钱到靠智慧创收，这是商人经商道路上的一个重大转折。

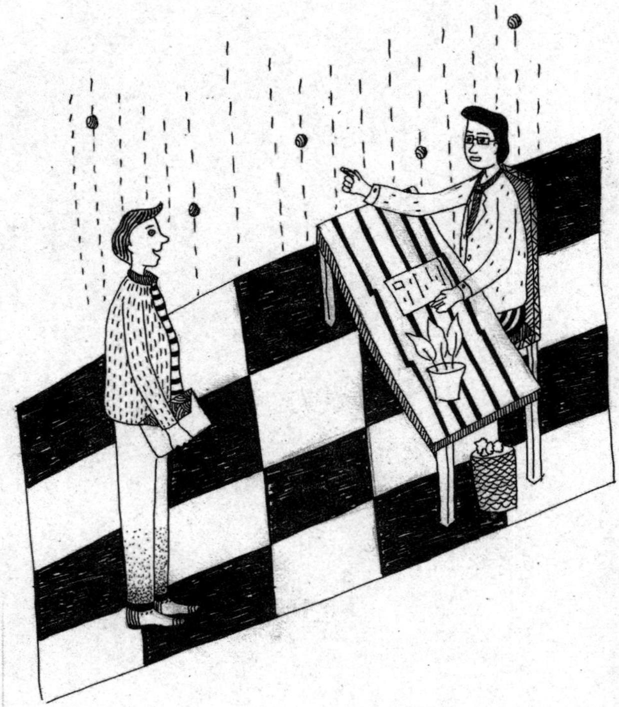

第6章
坐贾行商，贵在知市

现代社会，信息与人才、物资、能源并列为人类社会经济发展的四大要素，信息就是资源、财富和竞争力。人们称信息为"无形的财富"，说它无形，是因为信息的积累和传递，不能直接创造物质财富；说它是财富，是因为它作用于生产经营过程，就能够更好地利用和开发物质资源，获得经济效益。从这个角度看，信息好比黄金万两。

有钱的人都善于及时掌握市场的动态，把握消费者的需求，了解竞争对手的状态，靠广泛、准确的信息及时抢占市场制高点。当许多人在感叹市场无法进入的时候，这些人却发现，市场实际上早已被那些会赚钱的人占领。

赚钱要赶上第一波

抖音特别火的时候，有人才想起做投流，其实当大家都觉得要做的时候，就不太好做了。可是就有人非要等别人都挣到钱以后才去跟，如此难免会走弯路。俗话说，抓紧赶上第一波能疯狂吃肉，赶不上汤都喝不着。

一个富人曾经感慨道："一个人不在于他一定做成什么，而在于找到一样事情，虽然风险大，但是你做得有价值，它值得你去冒风险，这是最重要的。"

大连百年城集团有限公司董事长吴云前进军商业地产领域就是一个非常冒险的决策，但是，这个决策却让他成功了。

在大连，商业地产曾一度成为大连各行各业投资的热点，业内人士在评价大连商业地产风险太大，没人敢涉足的时候，浙商吴云前勇敢地投身到这个新的行业中。

在大连最繁华、商业竞争最激烈的青泥洼桥，吴云前开始了第一个商业地产项目——百年城。

"当我看到很多世界顶级品牌因为找不到合适的落脚点，将专卖店开到富丽华和香格里拉时，我看到了机会。"投资百年城成功后的吴云前认为他清楚自己应该把目光瞄准那些最具有消费能力的消费者，于是他决定再冒一次险。

时隔不久，百年城集团在二七广场建成了温州城，这次，吴云前把目光瞄准了普通老百姓。老百姓绝对是一个大的消费群体，但是由于他们的消费过于分散，不好掌握，投资风险大，因此很多商家苦于无处下手。然而吴云前却巧妙地将大部分的普通消费者集中起来，温州城达到了很好地吸引消费者的目的。

事实证明，吴云前的决策是正确的，这两个项目都获得了成功，成为大连为数不多的商业地产行业的赢家之一。

可以说，是吴云前的敢作敢为作风，勇于寻找商机的精神造就了他的辉煌。

很少有人能靠它赚钱，这就会是大生意；很多人都能靠它赚钱，这就肯定不是大生意。无险不成商，越是风险大、风险多，其中包含的商机也必然多，赚钱的可能性也越大。风险与机遇是成正比的。

财从险中来，作为商人，不能畏首畏尾，财运总是偏爱有冒险精神的商人。但冒险不等于盲从，商人在决定冒险之前一定要谨慎地考虑好是不是值得冒险，否则会后悔莫及。

> ⊙常人与富人的思维精要
>
> 常人想：要赚钱，就要保证万无一失，否则，宁愿一直等下去。
>
> 富人想：这个世界上没有万无一失的钱等着你去赚。要敢作敢为，敢喝头道汤。

要相信市场是对的

你判断市场往东走，它偏偏往西。这时候，就更要相信事实，而不是自己的感觉。要根据自己掌握的信息分析市场为什么会这样，而不是那样。

顺应市场供求的形势，要求商人不仅在进货环节上对市场信息进行全面的具体分析，而且在销货环节上更应全面分析市场信息，切不可一叶障目，做出错误的判断，造成经营失误。

明代有一位叫范顺的商人，接受朋友的建议外出经商："我如今置些杂货上湖广，不上两月，自那边再收些新米回来，上下俱不落空。"他的这个决定得到妻子的支持。于是，他"不一日，置了千斤杂货，装了船，径自出门了"。

范顺和一伙客商乘船沿长江而上，有一天晚上他们夜泊江西湖口县。一个人上岸去买酒，回来对范顺说："范亲翁，有个新闻，我适才上岸，只听得人说，江西广润门，被天火烧了，数百家京货甚缺。依我说，莫若径上江西凑他行情，一来脱手讨账快便，二来江西新米同湖广价钱相差不多。我们先落得上水这宗利息。您老人家货物多，先来请教你。"

应该说，范顺这位同行的商业嗅觉十分灵敏，在上岸买酒时就打听来了一个与大伙生意紧密相关的重要信息——"江西广润门，被天火烧了，数百家京货甚缺"，从而捕捉到了一个市场机会。这种灵敏的商业嗅觉对做生意的人来说几乎是不可缺少的。只是他对这条信息的内容评估有误——"一来脱手讨账快便"。实际上，货物脱手确实是快，但"讨账"就谈不上"快便"了。这些开铺的人，本钱也烧得七八了，有些人要先去设法弄房子，哪里还有现钱置货？范顺只得将货物均散与众铺家，做了四个月的赊账。

生意各环节之间联系都是很紧的，一个环节卡了壳，就会把整个生意带入被动境地。因为只能做赊账生意，现钱要等到四个月之后才到手，即使"江西新米同湖广价钱相差不多"，没有现钱就购不到新米，以致其生意计划无法实现。

由于对商业信息内容的分析判断不全面、不准确，导致这笔生意做得不像范顺他们想象的那么好。范顺同行的客商上岸打酒时仍然不忘留心捕捉生意信息的商业敏感是值得肯定的，但他只知其一，不知其二：他只知广润门被烧，数百家商号京货甚缺，却没有想到店家被大火烧过之后，资金短缺的情况。范顺对此信息也不加具体分析，就立即照办了，因此吃了亏。

要做好生意，前提是做好科学的生意决策，而科学决策的前提和基础是掌握全面、具体、详细的市场信息。不全面了解市场，甚至一叶障目，决策就容易失误，生意就容易亏本。所以说，时刻留心捕捉生意信息，并且加以全面科学的分析是做好生意的前提，是一个高明商人必须修炼的基本功。

商人要生存、要发展、要取胜，首先要能审时度势，充分掌握市场环境。一个出色的生意人，要在环境"欲变未变"之时，见微波而知必有暗流,"闻弦歌而知雅意",在顺境中预见危机的端倪,在困难时看到胜利的曙光,驾驶着企业的大船,机动灵活地绕过暗礁险滩,驶向胜利的彼岸。

> ⊙常人与富人的思维精要
>
> 常人想:相信自己的感觉,凭感觉做事,感觉能赚钱的生意就干,感觉能赚钱的项目就上马。
>
> 富人想:做生意,不管你愿意不愿意,你都必须尊重市场规律,跟着"行情"走。研究"行情",掌握"行情"变化规律,抓住"行情"变化给你带来的机会,才能把生意做活、做巧妙。

竞争对手那里藏着有用的信息

很多成功的大商人在经营中也善于运用兵家"运筹帷幄之中,决胜千里之外"的谋略,他们在了解市场信息方面常常不亲自出马,而是和竞争对手保持密切联系,掌握最新的市场动态,以迅速调整经营策略,适应市场变化。

浙江仙居人经销的油漆由于业绩突出终于引起各大油漆生产厂家的注意。1995年初,江苏、广东等地一些油漆生产厂家的老板在翻阅上年经营报表时,惊奇地发现仙居县溪港人的销售业绩十分突出,有不少人每年进货累计超过千万元。江苏太极油漆厂,80%的产品是溪港人销出去的。于是便在一个省或一个地区选一大户,订立协议,委托溪港人做本厂产品独家总代理。短短几年时间,溪港人在全国开的40多家油漆店挂上了不同厂家总代理的牌子。

溪港人的油漆店发展得越来越壮大,但是他们并没有闭目塞听,而是互相竞争的店与店之间经常交换信息,从对方那里获得信息,实现经销信息的相通和经销品种的相互调剂,形成了一个纵横联结的稳固的多品种、低价格的油漆销售网络。

"凡事预则立，不预则废。"信息时代更是如此。信息时代，虽然信息高度发达，但是，市场形态是千变万化的，综合性、大范围的信息，不一定能准确反映出一个局部地区的市场状况或消费动向。经营者既需要把项目放在大市场中来思考，同时也需要同竞争对手合作获得信息，在广泛收集信息的基础上，对不同的市场区域情况进行具体分析，洞察先机，才能做出符合市场真实状况的判断，然后做出科学的预测。符合市场真实状况的项目，生意才有利可图、有钱可赚。

人们常说：时间就是金钱，而经营实践证明，信息就是金钱。信息抓得越快越准，赚钱的机会就越来越多。谁能对得到的信息反应敏捷，并迅速采取行动，谁就能成为赢家。

聪明的商家，要多向竞争对手求教、学习，并能从他们购买和反馈的信息中，一叶知秋，从而争取更多的商业机会。

⊙常人与富人的思维精要

常人想：同行是冤家，从对手那里得不到有用的信息。

富人想：要善于在竞争对手身上动脑筋，多琢磨他们，你会得到好处的。从竞争对手那里得来的信息，既快又准。

坚持看新闻联播

经济基础决定上层建筑，社会上的重大经济事件在国内外新闻中必定有所体现。

关注新闻联播，就知道国家的下一步政策要向哪个方向倾斜，商人就可以借此向那个方向发展，这样既省时又省力。

有一个广东富翁，在他去世的时候，留给后代22条生意经，其中一条就是"要坚持看新闻联播",他的理由是,要想把握经济命脉,必须关注全局,这就是商人对信息的重视。

兵书上说"兵马未动,粮草先行",而在商场上,就应该是"决策未动,信息先行"。改革开放 40 多年,很多商人就是这样跟着新闻联播的信息走,哪个地方赚钱就去哪里,哪个行业赚钱就做什么。在信息的指引下经商,就不会碰壁,也不会走冤枉路,成功的可能性就大。

万事利集团董事长沈爱琴在新闻联播上得知 APEC 峰会在上海开幕的时候,经过多方努力,使她的丝绸成为各国元首身着的特色"唐装"的布料,这等于面向全世界进行了一次绝佳的广告宣传,海外订单由此大增。

2001 年申奥成功的当晚,浙江台州民营企业家就飞往北京,签订了为北京奥运会提供花卉、盆景的合同……

一个记者去采访一个普通小老板,看见小老板正在翻阅电子版《中国新闻出版报》。当时记者就带着调侃的口气问:"这里也有生意吗?"这位小老板指着报上的一则信息,说:"你看,国家新闻出版总署将要更换全国的记者证,这不是商机吗?"

会赚钱的人善于捕捉商机,尤其是新闻里的,因为他们觉得这样不用自己去费尽心思地苦思冥想,只需每天抽出半个小时去关注一下新闻联播,这是很容易做到的事情,又能轻轻松松赚到钱,何乐而不为呢?

⊙常人与富人的思维精要

常人想:看新闻的机会有的是,途径很多。每天晚上 7:00—7:30 之间坐在电视机前,我真没那闲工夫。

富人想:要经常看新闻联播,了解国内外的大事件,抓住有用的信息,为我所用。要想把握经济命脉,必须关注新闻联播。

闲言碎语中"听"出来的商机

一条有价值的信息,一个准确的情报,会使一大笔生意成功。而随时留意身边的信息,说不定就能遇到有用的情报。

一度风靡全球的迷你裙,就是设计师马莉在路边散步时,从人们的闲言碎语中"听"出来的。

马莉是英国一个小有名气的服装设计师。一天,马莉饭后在黄昏下的街头散步,走着走着,背后传来一阵女孩子的交谈声。马莉回头一看,是几个十七八岁的女孩在闲聊:

"现在流行的服装真没劲,真令人讨厌。""你这条破裙子还流行呢,难看死了,把它剪烂扔掉算了!"

马莉顿觉羞愧,心想我们的确应该设计出能显示女孩子青春活力的裙子。

"剪?对啊。如果把裙子剪掉一截,不就能充分展示年轻女子的身材,可以让少女们洋溢青春的气息了吗?"马莉止步,兴奋地跑回家动手制作起来。

几天后,这种被称为"迷你裙"的短裙一上市就被抢购一空。

犹如一阵风,穿这种"迷你裙"的少女出奇的多。大不列颠掀起了一股争穿"迷你裙"的热潮。而后,又传入世界其他国家和地区。马莉因此被人称为"流行服饰产业的女王",财产以千万计。

马莉的成功,在于从少女口中听到的"剪"字上,深入地联想到它与青春活力的关系。多留意了一下,多想了一步,就悟出了生财之道。

在纷乱复杂的生活中，机会到处都是，善于捕捉商业信息，深入思考，就能孕育出成功的灵感。比别人多听一听，比别人多想一想，你就比别人多一些成功，就这么简单。

被称为香港"假发之父"的刘文汉，是在餐桌上凭一句话而发家的。

刘文汉与美国商人共进午餐，谈到如何开创一门在美国畅销的新事业时，美国商人说了两个字——假发。刘文汉凭借这两个字的信息，开创了假发制造业。

及时抓住机会，就要克服安于现状的心态，突破传统，随时留意市场的新趋势、新信息，不放过丝毫的风吹草动，因为那便是机会隐伏之处。做个有心人，随时提醒自己留意四周的信息，你就会变得机警敏锐，善于灵活应变。

机会时时在，商情处处有，只要眼观六路，耳听八方，及时把握，成功离你并不遥远。

2004 年，国家出台允许民间资本购买开发无人荒岛政策，浙江商人便从中看到了商机。宁波银晨集团董事长郑嘉丰在与一个朋友的闲聊中听到了这个消息，立刻买断舟山假日岛 50 年的经营权，决定投入 5000 万元，分三期建设假日岛，把假日岛建设成一个休闲旅游度假的去处。2008 年，该岛的建设工程全部完工，假日岛成为舟山新的经济增长点。

一个生意人，必须不断加强自己在眼光、判断及胆略方面的修为，培养自己的远见卓识。在经商过程中，联系国家政策、社会环境、经济形势的变化，留意国内外市场动向，不断对各种情况进行横向纵向分析，才能在错综复杂、瞬息万变的商业战场中立于不败之地。

> ⊙常人与富人的思维精要
>
> 常人想：有用的信息都是千辛万苦、费尽周折得来的，凡是轻易得来的信息要么是假信息，要么是没用的信息。
>
> 富人想：信息满天下，专寻有心人。随时随地都可能得到有用的信息，关键是你善不善于发现。

分辨有用信息

现在是信息爆炸的时代，也是信息泛滥的时代，很多商人面对大量的信息而无所适从。在这样的情形下，信息提取就显得很重要。

丁磊说："我上网也是在有目标、有主题地寻找自己所需要的信息，而当一些信息能够触动我，我就会思考得很深，往往大半天坐在那里一动不动。"

信息灵，百业兴。信息不光要灵，还要更有效，这样才不会白费力气。

在瞬息万变的市场上，经营者必须具备极强的应变能力，随时做出正确的决策，而决策的基础在于耳聪目明，获取大量及时、准确的信息，并从中提取出有效的信息。这就是对信息的"理性算计"。

在洛杉矶市郊外的海边，有栋涂成白与黄两种颜色的二层大楼。四周用铁刺网围起来的这栋大楼，经常有许多警卫带着手枪小心翼翼地巡逻。这栋警卫密布的大楼就是驰名世界、走在时代前端的情报分析公司——兰德情报公司。我们都知道现代社会已进入知识产业的时代，能供给最新知识和最新技术的公司将大受欢迎。

收集大量的最新且可靠的情报，然后把它加以研究分析，再把新知识和新技术提供给企业和有关机构的生意，叫作头脑公司。现在这种公司在美国一共有400多家。其中兰德公司历史最悠久，同时它的规模和正确性也是举世无双的。

如果在获得信息的时间上，并不占先手，但在如何从各种信息中解析出对自己有用的信息，据此做出决策，并采取相应的行动，同样可以占据先手，最先到达成功的彼岸。

20世纪70年代中期，日本一家贸易公司驻莫斯科的代表给公司总部发出了一封电报，电报里告诉总部这样一则消息：苏联的几名高级对外贸易官员准备启程前往纽约。

这家贸易公司从这封电报中感觉到了某种可以发财的机会。他们是这样分析的：苏联这么多重要人物前往纽约，显然两国之间有重大行动，而这些行动又如此秘密，可见事关重大。而事情越秘密越会引起重大的反响。

鉴于上述分析，该公司总部电令其驻美国纽约的代表，密切注视这些苏联人在纽约的活动。苏联人的行动极为神秘，根本无法同他们接触，更无从知道他们纽约之行的意图，只从公开的材料中了解到接待苏联客人的美国官员中，有分管外贸和农业的。苏联人在纽约稍作逗留就飞往科罗拉多州去了。至于去干什么，就不得而知了。贸易公司驻纽约代表只得将这些少得可怜的材料汇报给公司总部。

公司总部希望从这些支离破碎的材料中分析出有价值的情报来。他们知道，科罗拉多州是美国的产粮区，当年正值丰收，美国分管外贸和农业的官员陪同苏联官员前往那个地区，显然是与粮食有关，而苏联当年的粮食歉收，缺口很大，由此他们判断出苏联官员此番纽约之行是同美国政府洽谈购买粮食事宜的。

基于这个判断，日本贸易公司采取了果断的措施，密令其在各国的分支机构，同时采取行动，不动声色地从国际市场上购进了大批粮食。由于行动极为秘密，日本人并不亲自出面，而是寻找各种各样的代理人，所以这一巨大行动竟没有被有关方面察觉。

没过多久，苏联和美国达成了一项从美国进口大批小麦的协议。消息透露出去之后，震动了各国的粮食贸易商。世界粮食市场价格顿时暴涨。日本的这家贸易公司趁机将购进的粮食抛售出去，一进一出，转手之间，就使该公司获得了巨额利润。

由此看来，当你收集了大量的最新且可靠的情报，然后就要把它加以研究分析，再把新知识和新技术提供给自己的下属，让他们按照你得到的情报和分析出的结果去行动。一个商人如果能对信息做到去粗取精，去伪存真，那么他得到的也必将是有效的信息，对自己的生意将大有帮助。

> ⊙常人与富人的思维精要
>
> 常人想：现在信息太多，不知道哪条是真的，哪条是假的。保险起见，哪条都不相信，走一步看一步。
>
> 富人想：商业战场上，信息千变万化，纷繁复杂，要想"乱"中取胜，必须提取有效的、可用的信息，为我所用。

客户来问货，信息送上门

"六必居"是位居京师老酱园之首的著名字号，历史悠久，是明代嘉靖九年（1530）山西临汾西渡村赵姓兄弟三人在北京前门外大街从一小酒店发展起来的。在几百年的经营过程中，"六必居"的老板代代相传，形成了一些很有特色的经营管理制度，其中喝"栏柜酒"的规矩就是老板了解市场动态的一种有效方式。

每日店铺打烊后，东家都炒几个菜，烫几壶酒，把采购、跑街、管账、站柜台的伙计邀来，喝"栏柜酒"。一方面表示犒劳之意，增进东家和伙计之间的了解；另一方面让伙计们汇报和交流行情信息。采购的伙计谈进货的情况，跑街的伙计谈市面的变化，管账的伙计汇报盈余情况，站柜台的伙计谈顾客增减和购买的心理变化。东家把各方面的信息汇总起来，然后伙计们对店铺的经营提出自己的建议，互相启发。而店主一顿"栏柜酒"喝下来，对市场行情各方面的变化和自己店铺经营的情况了如指掌，心中有数，决策时就心中有底有谱，能够灵活迅速地调整经营策略。

情况明，决策准，经营活，生意焉有不红火之理？

除了"六必居"，北京著名的"内联升"鞋店为鞋设档案，更是用心良苦。

"内联升"是由河北武清人赵廷集资万两白银于清咸丰三年（1853）在北京东江米巷办起来的。当时的北京，制作朝靴的鞋店很多。赵廷经过反复思考，决定以制皇亲国戚、京官、外官的朝靴为主。赵廷为鞋店起名叫"内联升"。"内"指的是"大内"，也就是宫廷；"联升"的谐音是"连升"，即步步高升之意，寓意是穿了该店的朝靴，官阶便会连连高升。"内联升"字号挂起之后，赵廷便在如何适应朝事需要上做起了文章。他把朝靴底厚度定为32层，但厚而不重，鞋面用上等黑缎，色泽好，久穿而不起毛。朝中官员穿着它上朝，舒适轻巧，走路无声，风度翩翩，显得稳重干练，所以满朝文武都喜爱"内联升"的朝靴。

赵廷除了在制鞋质量上下功夫外，更是别出心裁，对于来店做靴的官员，"内联升"派专人接待，把做鞋的尺码、样式、面料等一一记下，编汇成册，取名《履中备载》。这样，只要在内联升做过一次鞋的官员，以后再要做朝靴，派人来说一声就可以了，大大方便了顾客。对进京赶考的举子，进店定做鞋子的，赵廷也安排专人把尺码等一一记下，汇入《履中备载》。这样有考中的举子，当了官要做朝靴，"内联升"便可随时奉上。

《履中备载》还有一妙用，它为小官、外官在官场中的应酬提供了方便，不管是哪位官员想要给上级官员送上一双朝靴，"内联升"都能满足要求。送礼者送上一双"内联升"的朝靴，再说上几句"步步高升"的话，受礼者一定会十分满意的。

所以，商人永远不要忘记一件事情，那就是你的生意都是你的顾客给你的，"上帝"永远是他们。他们上门问货，同时把买卖信息送上门来。精明的生意人，善于从这里"春江水暖鸭先知"。从而了解行情，赢得市场。

从顾客得来的信息之所以重要，理由至少有三：第一，顾客来自四面八方，他们能把各地不同的商情物价带来；第二，顾客是购买者，他们最关心货物的质量和价格，在不同的货物比较中，他们最有发言权；第三，顾客在商品购买和使用中互相反馈商品优劣和贵贱，他们没有什么顾忌，他们道出的商情和质量，真实而准确。

要善于在顾客身上动脑筋，多琢磨琢磨他们，你会得到好处的。

> ⊙ 常人与富人的思维精要
>
> 常人想：顾客是来买东西的，我有什么他买什么，一分钱一分货，爱买不买。
>
> 富人想：顾客上门问货，正把买卖信息送上门来。从顾客的嘴里，才能知道市场的真正需要。

聊天的内容可能给你启示

一个经商的朋友说："不要放弃任何得到信息的机会，哪怕是在和老乡的聊天当中，仍然不要放弃任何获得商业信息的机会。"

有钱人喜欢在一起聊天，很多点子、很多信息都是他们聊出来的。

现在身价千万的王大成，是在餐桌上凭老乡的一句话而发家的。

2002年1月，王大成与几个老乡在杭州新紫罗兰大酒店共进午餐，谈到如何赚钱的新事业时，有个老乡说了两个字——发电。王大成凭借这两个字的信息，开创了水力发电制造业。随后的几年，一批又一批的商人到西部去建水电站。但王大成是最早的一个，效益最好，生意也最成功。

实践早已证明，在其他因素相同或基本相同的情况下，谁先获得有利的信息，抢占了商机，谁就会取得最后的胜利，抢先的速度已成为竞争取胜的关键。能采取闪电般行动的商人必然会战胜动作迟缓的对手，使自己在没有硝烟的战场上胜出。

在温州，你经常可以看到几个经营小工厂的老板在一起喝酒聊天，就是平时吃饭，他们也喜欢聚到一起，你一言我一语地聊个没完；在外地的温商就更不用说了，他们常常通过聊天传递信息。

所以，如果你发现两个富翁在那里喝茶，千万不要以为他们是闲得没事干，其实，他们大多是在传递信息呢！

特别要提醒的是，在与别人的交谈中，要时刻注意聆听，这不仅是对别人的尊重，也是为了留意对你有用的信息。

> ⊙常人与富人的思维精要
>
> 常人想：聊天是浪费时间，只有纯粹为打发时间的人才聊天。
>
> 富人想：有时间就聚在一起聊天，因为与别人的聊天中包含了大量有用的信息和商机。

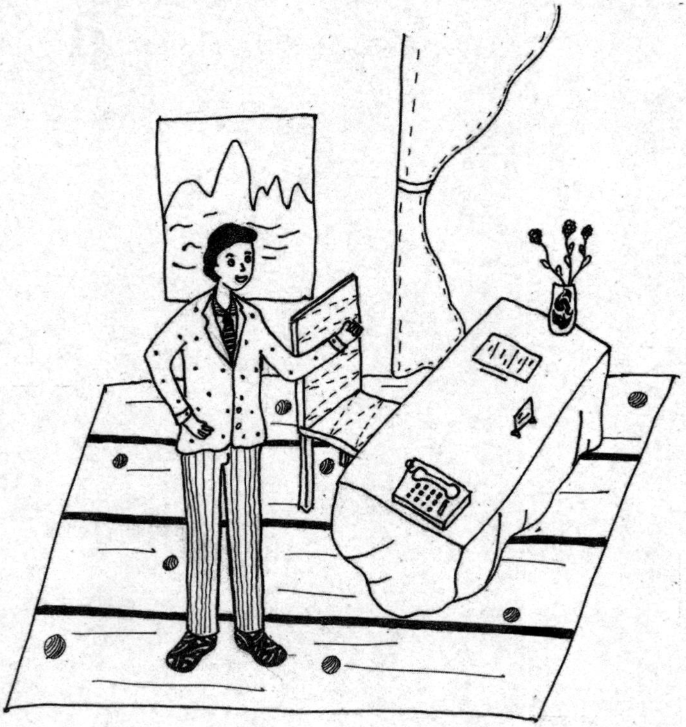

第7章
一碗饭,大家吃,花花轿儿人抬人

"花花轿儿人抬人"是一句杭州俗语,指的是人与人之间离不开相互维护、相互帮衬。人抬人,人帮人,人要办的事才会顺利,人的事业才会发达。绝大多数富人都有自己独特的人格魅力。很多人恰恰没有认识到这一点,当他们把目光盯在富豪们的财富上时,张口闭口就是钱。他们没有意识到,那些富人的待人之道,往往比金钱本身更重要。

追求合理利润

生意人应该"利益均沾",这样才能保持长远的合作关系。相反,光顾一己利益,而无视对方的利益,只能是一锤子买卖,慢慢将生意做断做绝。

追求合理利润是商人的共性,自己这方没有合理利润,生意将难以为继;对方没有合理利润,生意就滞塞不畅。所以,大商人赚该赚的钱,也让别人得应得之利,虽然放弃了暴发的可能,却可以做长久的生意。这样生意就如长江之水,生生不息,做长了自然做大了。

"利益均沾原则"不仅在中国的商人中被视为经商的法宝,也是全世界的大商人坚持不懈的做法。

著名企业家松下幸之助提倡"自来水经营法",他认为,企业的使命是:不断努力生产,使产品像自来水一样丰富价廉,惠及全人类。

但是,松下幸之助只追求合理的廉价,也就是说,在努力降低成本的基础上达到降低价格的目的。松下幸之助定价有一条牢不可破的原则,即合理成本加上合理利润,定出合理价格。在这条原则中,合理利润是前提,一切以此为准。

松下幸之助把"利益均沾原则"的内涵进一步丰富了。

有一年,松下电器公司研制出"乐声"牌收音机,松下幸之助邀请各地经销商参加新产品展示会,进行销售总动员。

在展示会上,经销商对这款新产品的价格提出异议,他们认为,"乐声"牌收音机刚刚上市,尚未得到消费者认可,价格却比名牌产品还贵,是不合情理的。

松下幸之助认为,这一价格是依照合理成本与合理利润制定的,属正常价格。他说："价格定得太高或太低，都是违背经济规律的，从商业道德角度看是一种罪恶，势必造成市场混乱，不利于产业的发展。"

松下幸之助还说："我比你们中的每一位都更希望降低价格。我并没有忘记我们一贯奉行的质优价廉的原则。要知道，我们的价廉是建立在批量生产基础上的，批量大，成本势必低，售价自然低于其他制造商。然而现在，我们还没有这个能力投入大批量生产……我相信诸位一定不会强求我们亏本贱卖。"

最后，经销商们终于接受了松下的定价，并保证努力促销。"乐声"牌收音机上市后，虽然价格偏高，但质优物美，很快畅销起来。随着产量加大，生产成本降低，售价比刚上市时降低了一半。

这时，一些经销商看到"乐声"牌收音机很受消费者欢迎，即使价格高一点也不影响销售，他们就调高价格，不按松下的定价卖。松下幸之助认为，为了多赚钱追求不合理利润是不行的，这对供销双方的长远发展都不利，所以，他发起一个"正价销售"运动。所谓"正价"，就是统一价格的意思，即所有经销商都按松下公司定出的合理价格销售，既保证各方面的合理利润，也保证消费者的合理权益，即要符合"利益均沾原则"。

后来，"正价销售"成了松下电器公司的基本经营政策。

怎样才能挣到更多的钱是每一个经商的人最关心的问题，挣钱的关键是产品销售状况。李嘉诚说："人要去求生意，生意就难做，生意跑来找你，你就容易做。那如何才能让生意来找你？那就要靠朋友。如何结交朋友？那就要善待他人，充分考虑到对方的利益。"李嘉诚深深地懂得，只有让他人得到相应的利益，他人才会为自己带来财富。他说："如果一单生意只有自己赚，而对方一点不赚，这样的生意绝对不能干。"他说："重要的是首先得顾及对方的利益，不可为自己斤斤计较。对方无利，自己就无利。要舍得让利，使对方得利。这样，最终会为自己带来较大的利益。"

现实生活中，有些商人片面强调自己这方面的利润，只要有机会就不惜损害对方的利益。这不是一流商人的境界。所谓合理利润，意味着要在各方的利益分配中寻求平衡。生意场上，"我好你也要好"，让大家一起赚钱，自己就能够不断地赚钱。

> ⊙常人与富人的思维精要
> 常人想：赚钱是硬道理，能多赚一点是一点。
> 富人想：做生意不能忘了对方的合理利润。

义和利相生

成功的商人都知道，商事运作是最要讲信义、信誉、信用，最要讲诚实、敬业、勤勉的，一句话，就是要于正途上"勤勤恳恳去巴结"，生意才会长久，所得才是该得。

马需要夜草催肥有道理，但人必须有横财才能富起来，却并不一定对。事实证明，依赖横财可以富得一时，要富得长久却并不多见。

经商要有强烈的致富欲望和获利动机，商人从来不掩饰他们经商求利的目的，"天下熙熙，皆为利来；天下攘攘，皆为利往""人不为利，谁愿早起"，生意人图的就是一个"利"字，"寄迹尘市，日为锱铢""奔走江湖，希觅微利"。因此做商人就必须精于计算，"人情一匹马，买卖挣分厘""无雀六燕，铢两相悉""酒中不语真君子，财上分明大丈夫"。

这些格言虽然充满了锱铢必较的商业气息，但难能可贵的是，商人在赚钱求利的商业动机中一直坚持义利并重，要求这个"利"必须来得正当，手段必须合理，要符合"义"的规范，靠正当的手段发财，"财自道生，利缘义取"。为此就必须讲求"诚"和"信"，"利从诚中出，誉从信中来""平则人易信，信则公道著""生意全凭公道导，货真价实莫欺人""人生在世信为先，心口如何有两般？买卖只求安分利，经营休挣哄人钱"。这样做了就是走正道，就是诚商正贾，就能够取得"有道财恒足，乘时货自腾""上以济人，下以利己"的经营效果。否则，靠坑蒙拐骗、缺斤少两、以假充好、欺行霸市来获利，虽能获得短期效益，却不能长久，此为诚商正贾所不齿。

贯穿中国传统观念的基本线索，是从出世到入世，从无为到有为，从做人到做事，先义后利，以义取利。以人为本，义利相通。

我国古代的大商人经商从来不违背下面几条原则：

第一，可以为了钱"去刀口上舔血"，但决不在朝廷律令明确规定不能走的道上赚黑心钱。

第二，可以捡便宜赚钱，但决不去贪图于别人不利的便宜，决不为了自己赚钱而去敲碎别人的饭碗。

第三，可以借助朋友的力量赚钱，但决不为了赚钱去做对不起朋友的事情。

第四，可以寻机取巧，但决不背信弃义靠坑蒙拐骗赚昧心钱。

第五，可以将如何赚钱放在日常所有事务之首，但该施财行善、掷金买乐时也决不吝啬，决不做守财奴。

从某种意义上说，商道其实就是人道。经商之道，首先是做人、待人之道。

> ⊙**常人与富人的思维精要**
>
> 常人想：马无夜草不肥，人无横财不富。
>
> 富人想：仁中取利真君子，义内求财大丈夫。

尊重惯例好过自行其是

中国古代刑法、民法不分，没有专门处理经济问题的法律，商人所遵循的市场规范，除了各行各业所规定的行规，更多的是道德约束，由此形成了一种传统——道德的约束比法律的约束更为强烈。

生意场上的潜规则丰富、复杂，但对于一个想成功的生意人来说又至关重要、不可或缺。生意人做人、做事的学问既深不可测，也不可尽数，但是总有一些规则值得去探询、挖掘和运用。

一个真正成功的商人，一定懂得有规有矩、守法常安的道理，也一定会始终严格遵循这些规则，并且把它上升到关系人品名声的高度，作为人的内在品质来保持。唯有做到守法守规，才能在经营中求得安全，违法违规则会自食其果，给自己带来灭顶之灾；按行规办事，遵守职业道德与行为规范，才能建立起良好的信誉，从而赢得更多的利润。

规矩存在的意义，不在于约束，而在于凝聚。将每个成员各自独立的个人倾向规范引导，能量集中，小流束之成大川，因而能铸就较强的战斗力。为人处世，规矩自立，如此，便可处乱而不惊，应变自如。

从生意人本身的角度说，照规矩做生意还有两个重要的作用：

第一是求得安全。比如犯法的生意不做，做了就是没按规矩来，保不齐会给自己带来灾祸；再比如即使关系再好的朋友或合作伙伴，生意上的合同该定该签就一定得定得签，该怎样定怎样签，就得按规矩去定去签。因为只有按规矩签订的具有法律效用的合同，才可以有效地约束双方，才能有效地保护各自的利益。生意场上是不能用感情代替规矩、规则的。

第二是建立信誉。一个经营者良好信誉的建立，与经营者能够坚持按规矩办事有着极为密切的关系。我们常说，经营者的信誉是靠货真价实的公平交易、童叟无欺的老实诚信建立起来的。说到底，这些能够帮助建立信誉的举措实际就是照规矩办，只有规规矩矩按照大家都知道的，也是大家应该遵守的规矩办事，才能使人信服，也才能建立起信誉。没有人会相信做事不顾章法、不守规矩的人。

中国传统文化是伦理文化，在"情理法"上是"情"字当先，但中国传统文化带有很深的农耕文化的烙印，这和现代商业文化有很多地方不相容。朋友固然重要，但现实中，往往朋友也最容易不讲规则。因为是朋友，碍于情面，很多规则也都简化了、省略了，人情代替了一切；一旦出问题，利益摆到桌面上的时候，说不清道不明，生意没做好，朋友也没得做了。所以，"亲兄弟，明算账""先小人，后君子"，越是朋友，越要将规则定在前面。

"一定要照规矩"的做法，从商人求利的角度看也是完全必要的。因为，建立了照规矩办事的良好声誉，即便一笔生意失败了，也有东山再起的希望。而违背了这一游戏规则，必将遭人唾弃。一旦失败往往一败涂地，名利双失，不可收拾。所以，遵守游戏规则，凡事照规矩来，是成功商人坚守的信念。

最后，要强调的一点是，永远不要用所谓的江湖规矩去解决商业上的冲突。商业永远是商业，而商业是有商业自身的游戏规则的。你不能轻易利用生意之外的资源来解决你在商业中的冲突！既然选择了做商人，那你必须遵守商业中的一切游戏规则，愿赌就得服输！

俗话说"一行服一行""隔行如隔山"，找到各个行业的规则，然后去适应它，按规则办事，这对商人更为重要。如果你想做大生意，而又不懂行，不按规矩办事，终究会吃亏的。

> ⊙ **常人与富人的思维精要**
>
> 常人想：别人有别人的规矩，我有我的规矩。我不犯人，人也莫犯我。
>
> 富人想：无论做什么都要懂行，按规矩办事，否则别人就不愿意与你合作，到最后吃亏的是自己。

挡人财路不如自己另辟财路

生意人自己赚钱的同时，还注意不挡别人的财路，他们认为这样才能保持长久的合作关系。

2005年，南京华东鞋城突然出现了60多家品牌代理商集体撤离的"哗变"，而这场"哗变"的原因就是华东鞋城阻碍了广大代理商的"财路"。

华东鞋城成立于1997年，建筑面积近6000平方米，营业用房300多间，汇集了步步高等著名品牌，是南京市最大的鞋类专业批发市场，当时年销售额达4亿多元。2004年，鞋城拆迁，由原址搬到位于玉桥市场对面的现址，并更名为"华东国际鞋革城"，而"哗变"事件就出在搬迁上。

新的华东市场要交进场费。一位经销商说，拆迁后原华东鞋城的经营户全部搬到现在的新址，但搬到新址后要经销商交2万元的进场费，这令经销商无法接受。而更重要的是，与华东市场竞争的红桥市场不仅不收取进场费，而且免税收一年。

原华东鞋城步步高运动鞋南京一级代理黄雄说，离开华东不是一种背叛，加盟红桥纯粹是商人逐利的天性使然。"谁给我们的利益多，我们就跟着谁干！不要用道德的评判标准来看待我们的举动。"俗话说，独乐乐，不如众乐乐。一个商人只想着自己赚钱，而阻挡了别人的财路，众人就不乐意了，这是商人的天性。

经商做生意是门大学问，三年学徒学不完，读完哈佛MBA也学不完。盖因生意场上既有一进一出的赚与赔，也讲究一进一退的人情练达。只考虑一味的赚钱，说不准什么地方就触到谁埋下的地雷。尤其与同行之间，有竞争、有合作，但是千万不要作对，在自己赚钱的同时别挡了别人的财路。

◀ 第7章 一碗饭,大家吃,花花轿儿人抬人

给别人机会就是给自己机会,不要把生意做绝。掌握这个原则,让别人适当分割利益,让自己的生意做大做强。

> ⊙ **常人与富人的思维精要**
>
> 常人想:我赚我的钱,谁有本事谁就赚得多,是不是阻碍别人赚钱了我不管。
>
> 富人想:自己赚钱的同时千万不要挡了别人的财路,只考虑自己不会长远,说不准什么地方就触到谁埋下的地雷。

以小损而换大益

人们常说,吃亏是福。商人要想使自己的生意有大的发展,要宁吃亏而不失义,必须讲商业道德,以德为本。韩国现代企业集团的总经理郑周永正是这样,宁输老本,也不输信誉,才使生意越做越兴隆。

郑周永是世界闻名的大财阀。但当初他的创业经历也并非一帆风顺,正当他事业有了起色之时,意外的打击无情地降临到他的头上。

那是1953年,郑周永的现代土建社承包了一座大桥的修建工程。由于战时物价上涨,开工不到两年,工程费总额竟比签约承包时高出了7倍。在这严峻的时刻,有人好心地劝阻郑周永,赶紧停止施工,以免遭受进一步的损失。但郑周永另有一番想法:金钱损失事小,维护信誉事大。于是他鼓起勇气,毅然决定按时把工程拿下来。结果,现代土建社付出了巨大的代价,终于按时完工,保质保量地按时交付使用。

郑周永虽然这回吃了大亏,以致濒临破产,但也因此树立了恪守信用的形象,赢得了人们的信任,生意一个接一个地找上门来。

商业活动中，人际关系在某种程度上，往往表现为金钱关系、物质利益关系，而许多时候确实不能仅仅从金钱上算自己的赚赔进出账，仅仅在自己的赚赔进出账上打"小九九"。有时也许能凭着精细的算计获得一些进账，却很难有大的成就。相反，有时在钱财的赚赔上洒脱些、大气些，常常会获得意想不到的、更大更长远的利益，给你带来更多更大的成功。这才是吃小亏、占大便宜的大商人的大气度和大手笔。

再让我们看看日本著名企业家岛村芳雄的事迹吧！

岛村芳雄刚开始创业的时候，无疑是艰难的，资金问题就一直困扰着他。最后他决心硬着头皮向银行贷款。但是，谁会愿意将钱贷给一个吃了上顿没下顿的穷光蛋呢？结果，岛村拜访了多家银行，都遭到了拒绝。但岛村并没有因此而气馁，他选定一家银行作为目标，一次又一次地提出贷款申请，希望人家大发善心。

苍天不负苦心人。前后经过3个月的拉锯战，到了第101次时，对方终于被他那百折不挠的精神所感动，答应贷给他100万日元。当亲朋好友知道他获得100万日元银行贷款时，也纷纷向他伸出了援助之手，最后，岛村芳雄总共获得了200万日元的借款。于是他辞去店员的工作，成立"岛村商会"，开始了贩卖绳索的业务。

在借钱期间，岛村芳雄发现了一个秘密，要借钱的人肯定都是钱不够或不多的人，但这些人明明也没什么钱却能顺利地借到钱，在于其人缘好、口碑好。他认为一个人只要口碑好了，那赚钱的机会就会随之而来，岛村芳雄是个执着的人，他终于想出了一个点子，并希望这个点子会给他带来日后的商机。

首先，他前往麻产地冈山找到麻绳厂商，以单价0.5日元的价钱大量买进45厘米长的麻绳，然后按原价卖给东京一带的纸袋加工厂。这样做，不但无利，反而损失了若干运费。但这并不是他缺乏经营头脑，而是他在运用欲擒故纵之计。

亏本生意做了一年之后，"岛村芳雄的绳索确实便宜"的名声远播，订单从各地像雪片一样纷纷飞来。

于是，岛村芳雄按部就班地采取下一步行动。他拿进货单据到订货客户处诉苦："到现在为止，我是一毛钱也没赚你们的。如果让我继续为你们这么服务的话，我便只有破产这条路可走了。"

客户被他的诚实做法深深感动，心甘情愿地把每条麻绳的订货价格提高为0.55日元。然后，他又到冈山找麻绳厂商商量："您卖给我一条绳索0.5日元，我一直照原价卖给别人的，因此才得到现在这么多的订单，如果这种无利而且赔本的生意继续做下去的话，我的公司只有关门倒闭了。"

冈山的麻绳厂商一看他开给客户的收据存根，大吃一惊，这样甘愿不赚钱做生意的人，他们生平还是头一次遇见，于是不假思索，一口答应将单价降到每条0.45日元。

这样，一条绳索可赚0.1日元，按当时他每天的交货量1000万条算，一天的利润就有100万日元，比他以前当店员时5年的薪金总和还要多。

岛村芳雄做生意还真是有一套，他可算是把"吃亏换大利益"的商业原则用到了极点。他这样做的目的是让别人愿意与自己合作，以便把生意做开。路子打开了，财源自然随之滚滚而来。

> ⊙ **常人与富人的思维精要**
>
> 常人想：放着钱不赚，真是天底下最大的傻瓜！
> 富人想：有时看似一件很吃亏的事，往往会变成非常有利的事。

先给甜头，才有赚头

商人不做亏本的生意，但做生意也不能计较一时的投入与得失，为了赚钱，必须先花钱，也就是成本投入。钱必须花在刀刃上，花得值，这就要算清楚成本与收益的关系。

首先，商人要盈利是"欲取"，提供商品就是"先予"。没有这个"先予"，"欲取"就是一句空话。其次，企业要广销自己的商品，获得更多的利润，就必须提高自己的商品质量，这就需要多花成本。偷工减料，质量低劣，也就不可能有好的销路，更不可能获得丰厚的利润。

美国加州萨克拉门多有位青年，由于他家境贫困，从小便到处做工，省吃俭用，到25岁时存下了少许钱，便开始做家庭用品的邮购贩卖。

他聪明地在一流的妇女杂志上刊载他的"2美元商品"广告，所登的都是有名的大厂商的制品，且都是实用的，其中20%的商品进货价格超出2美元，60%的进货价格则刚好是2美元。

所以广告一刊登出来，订货单就像雪片似的飞来，他忙得喘不过气来。

他并没有什么资金，这种做法也不需要什么资金，客户汇款来。他就用收来的钱去买货就行了。当然，汇款越多，他的亏损就越多。但他并不傻，在寄商品给顾客时，再附带寄20种3美元以上、100美元以下的商品目录和图解说明，再附一张空白的汇款单。

这样虽然2美元的商品有些亏损，但是他是以小额商品亏损买来大量的顾客的"安全感"和"信用"。许多顾客又向他订购了价格较高的昂贵商品。就这样，昂贵商品不仅可以弥补2美元商品的亏损，而且还可获得很大的利润。

他的生意就像滚雪球一样越做越大。1年以后，他开设了FDT邮购公司。又过了3年，他雇用了50多位员工，公司在1974年的销售额达5000万美元。

经商中的"先赔后赚"之计，也就是欲取先给。所谓"降价销售""有奖销售""买一赠一"等，实际上都是"先给甜头，才有赚头"的经营策略。因此，商战中以此取胜的很多。看似吃亏，实则赚大便宜。

舍不得孩子套不住狼。那个"被舍弃的孩子"是生意场上不可或缺的借力点。做生意谁都希望花小钱，甚至不花本钱却能赚到大钱。但除了偶然因素，多数情况下是付出多大回报就有多大。而在市场竞争异常激烈的情况下，更需要先弃后取。

⊙常人与富人的思维精要

常人想：先让我赚钱，我才会让你赚钱。

富人想：商人必须分清勤俭与吝啬的区别，该省的和不值得花的，省一分是一分；而值得花的，对企业发展有利的，一定要大方出手，这将为你赢回更多的钱。

别把同行看成冤家

为了各自的利益，同行间互相妒忌，似乎也是常情。竞争似乎成了同行间的常事，所谓"同行是冤家"的俗语，讲的正是这个理儿。在竞争中或者一方取胜，另一方被迫称臣，或者两败俱伤，"鹬蚌相争"而被第三方"渔翁得利"，或者一时难分胜负，双方维持现状，酝酿新的一轮竞争。这似乎是我们都能理解的，也似乎是所有商家都认可的市场规律。

那么，在这种循环中有没有既不触动对方利益，己方又能得利的第三条变通之路可走呢？有！这就是不把同行当冤家，这样才能实现"双赢"。与其相互结怨而导致双方受损，倒不如化解矛盾彼此相安共存。

主张"不把同行当冤家"，这倒不是看轻你的实力，而是为了现实的需要。

1986年8月，《每周财经动向》总编林鸿筹先生在《与李嘉诚谈成功之道》一文中谈道："最近有人向李氏提问：'一个优秀的运动员，必须在与强劲的对手竞赛时才可创下骄人的成绩。环顾今日香港商界，似乎只有包玉刚爵士一位配做阁下强劲的对手，您可有以包先生为对手的想法？'"

一般人自然会认为李氏是以包氏为竞争的对手，因为他们有相同的社会地位，在过去又有极类似的活动，例如李氏从英资手中收购和黄、港灯，包氏则收购九龙仓、会德丰；两人先后出任汇丰银行的副主席，又同时出任香港基本法起草委员会委员；李氏捐赠汕头大学，包氏捐赠宁波大学等。

"但李氏答复这个问题时，只说他朝着个人定下的目标向前一步一步推进，从来没有居心与任何人比拼。并且，在多个场合，李嘉诚还是这样说：'我与包先生有真诚愉快的合作。'"

李嘉诚是何等的聪明！

除非对手是个软弱角色，否则你在与对方进行争斗的过程中，必然会付出很大的心力和成本，而当你打倒对方获得胜利时，你大概也已心力交瘁了，甚至所得还不足以偿付你的损失。

你如果把同行当冤家，必将引起对方的愤恨，从此陷入冤冤相报的循环里。

所以，无论从什么角度来看，那种"你死我活"的争斗从实质利益、长远利益上来看都是不利的，因此你应该活用"双赢"的策略，彼此相依相存。

在商业利益上，讲求"有钱大家赚"，这次你赚，下次他赚；这回他多赚，下回你多赚，何必贪心呢！对于商人来说，"不把同行当冤家"是适合现代社会的良性竞争结果。

如果你多与同行进行交流，多了解同行的情况，你在经营方面必然会学到许多经验，避免出现低级的错误，在经商的道路上取得事半功倍的效果。

当然，要从同行嘴里获得相关的信息也不那么容易，对方必然会对相关商业信息做好保密工作。因此，如何与同行相处也是非常有技巧的。

首先，你要把同行当成战略伙伴，在必要的时候联合在一起，维护好市场秩序。在市场竞争方面，争取以质量、服务取胜，避免相互诋毁、竞相降价等不必要的恶性竞争出现。

其次，你要让你的同行多得到好处，有时候，哪怕牺牲一点自己的利益，也要搞好与同行的关系。不管你与谁谈判，不管生意是否成功，经验老到的人总是会面带微笑地说："希望下次有合作的机会！"遇到同行缺货时，可以大方地为对方提供相关的货物，而不要趁机抬高价格，大赚一笔。

有位商界老手说："商场上没有永远的敌人，只有永远的朋友。"也许，今天两个商业对手为了利益分配不均而争吵，或者为了争夺一单生意而两败俱伤，但是，说不定明天两方就会携手共进，结为联盟。

⊙常人与富人的思维精要

常人想：同行没同利，同行就是竞争对手，是与我分享利益的，是敌人。因此，对于同行往往是正眼不瞧一下，老死不相往来。

富人想：多多与同行沟通、交往对于商人的商业活动并没有什么坏处，反而会有许多好处。分享不是慷慨，对生意人来说，分享是一种明智。

永远和和气气

孟子曰:"天时不如地利,地利不如人和。"排出了天时、地利、人和三种因素的主次关系,强调了"人和"居第一。而荀子讲的"上不失天时,下不失地利,中得人和而百事不废",强调的是三种因素必须同时具备。

其实两种说法并不矛盾,都主张"顺天时,占地利,得人和",才可百事振兴。光有客观的优越条件,而无主观的积极努力能行吗?反之,只凭"主观"的一厢情愿,而不考虑"客观"环境,岂不和"无头苍蝇"一样,毫无头绪了?

做生意,必须从管理内部开始,让大家有一个和和气气的挣钱气氛,避免强烈的矛盾冲突。俗话说和气生财,把人际关系理得顺顺当当,从而让自己的生意兴旺起来。

经商做生意,还要与别人打交道。做生意的对象也是人,学会与人相处至关重要。如何相处呢?生意场上学会相处,就是能够让双方心平气和,坐下来好好交谈——总不能脸红脖子粗地谈买卖吧!所以说,和气好生财,就是这个道理。

但现实生活中,许多人并不把"和气"放在心上。生意场上流传一种比喻:用"下围棋"形容一部分商人的做事方式,用"打桥牌"形容一部分商人的风格,用"打麻将"形容一部分商人的作风。"下围棋"是从全局出发,为了整体的利益和最终胜利可以牺牲局部的某些棋子。日本的公司或个人在对外时常常表现出团结一致的劲头,日本人去海外旅游也要找日本人开的旅馆去住,尽管有时更贵或交通不便。"打桥牌"风格则是与对方紧密合作,针对另外两家组成的联盟激烈竞争。"打麻将"则是孤军作战,"看住上家,防住下家,自己和不了,也不让别人和"。这种作风显然是不好的,尤其是"自己出不了成绩,也不让别人出成绩",更是严重影响发展。当然这类人是极少的,但既然有"打麻将"这类比喻,就该值得我们反省。

商品即人品,商道即和道;小生意做事,大生意做和。"和"为至高境界。于世、于人、于商,"和"蕴含五千年中华文化之精髓。和则生聚,散则消亡;和则兴旺,散则衰萎。从商之道,和为上;为人之道,和为贵,义利相生,取和乎上。为商如烹鲜,百料调和,百味聚生,功夫亦在商外。凡事得天时、地利、人和者方可谋势作局,否极泰来,此为古训。

> ⊙ 常人与富人的思维精要
>
> 常人想:阻碍我赚钱的人、与我意见不同的人都是我的敌人。
>
> 富人想:和为上策,和气生财。在经济交往中,只有保持一团和气,本着与盟友求合作、图互利的和合精神,才能创造财富。

第8章
要想富,快行动,不要畏畏缩缩

现在人们谈论财富越来越多,但许多人说得多,做得少。要知道,说是做的仆人,做是说的主人。德国行动主义哲学家费希特说过:"行动,行动,这是我们最终目的。"要想富,快行动,不要怕,先迈出一小步,然后再迈出一大步。

一万小时法则：用高级欲望代替普通欲望

作家格拉德威尔在《异类》一书中指出："人们眼中的天才之所以卓越非凡，并非天资超人一等，而是付出了持续不断的努力。一万小时的锤炼是任何人从平凡变成世界级大师的必要条件。"这就是"一万小时定律"。

要成为某个领域的专家，需要一万小时才能使其技艺至臻完美，按比例计算就是：如果每天工作8个小时，一周工作5天，那么成为一个领域的专家至少需要5年。

"一万小时法则"在不少成功者身上都得到了验证。如电脑天才比尔·盖茨，他在13岁时开始接触世界上最早的一批电脑终端机，开始学习编程，7年后他创建微软公司时，已连续学习了7年的程序设计，累计的时间已超过一万小时。

无数事实证明，成功来自长时间的学习和积累。越是成功的人，对自己的要求也越高。冬奥冠军谷爱凌永远第一个去训练场，最后一个走，白天给杂志拍照，晚上还要去健身房。

真正自律的人，不一定都是自觉的，很多富人都是被逼出来的。苏炳添说，如果训练时教练让自己跑4组100米，自己只跑3组就会浑身不舒服。"我个子不高，100米要比别人多跑7步"，坦然承认自己"天赋不佳"的苏炳添，在反复考虑后终于打消了退役的念头，继续在赛场上挥汗如雨。他没有回避自己的劣势，而决心靠技术补救软肋。为此，他必须放弃习惯，改用左脚起跑，通过持之以恒的科学训练实现突破。

枯燥单调的规律作息，他足足坚持了17年。

他能成功绝非偶然，而是用高级欲望替代了普通欲望，用长时间的磨炼铸就出了丰富的硕果。

> ⊙ 常人与富人的思维精要
>
> 常人想：我要赚快钱，哪行赚钱我就去干哪行。
>
> 常人想：不管你做什么生意，只要坚持一万小时，应该都可以成为该领域的专家。

准备到一半的时候就去做了

很多人想创业，却总是怕失败，总想等到"条件成熟"。其实，条件并不是等成熟的，而是逐渐干成熟的，在干的过程中完善，让不成熟的东西逐渐成熟。

会赚钱的人，看到有生意可做，不管什么行业，第二天就弄台机器先干起来。没有厂房，机器可以先放在家里或朋友的仓库，以后再盖厂房，做大了才请管理人员。他们就是用这种办法提高效率，把握市场机会。

许多人平庸一生，是因为他们一定要等到每一个环节都万无一失之后才去做。当然，我们必须追求完美，但是这世上没有一件绝对完美或接近完美的事情。若非得等到所有的条件都具备了才去做，那只能永远等下去了。

有一个小伙子，快30岁了，他的教育程度中上，有一份安稳的会计工作，一个人住在上海，他最大的心愿就是能早点结婚。他渴望甜蜜的爱情、美满的家庭和可爱的孩子。两年前，他终于找到一位梦寐以求的好女孩儿。她端庄大方，聪明漂亮又体贴。但是，他还要证实她是否完全符合成为他妻子的标准。有一天晚上，当他们讨论婚姻大事时，准新娘突然说了几句坦率的话，可能是不想生孩子或希望婚后仍能彼此拥有各自的生活空间等，让他听了有点懊恼。

为了确定这个姑娘是不是理想的结婚对象，他绞尽脑汁写了一份长达四页的婚约，要求女友签字同意以后才结婚。这份文件打得既整齐又漂亮，内容包括他所想象到的每一个生活细节。其中有一部分是生活方面的，里面提到谁做饭、每年回几趟父母家、每一次给父母的钱的数目之类；另一部分与孩子有关，提到他们一共要生几个小孩、在什么时候生等。他把他们未来的朋友、他太太的职业、将来住在哪里及收入如何分配等，都事无巨细地事先计划好了。在文件末尾，他又花了半页的篇幅详细列出女方必须戒除或养成的一些习惯，例如抽烟、喝酒、化妆、高消费等。

准新娘看完这份"最后通牒"之后，勃然大怒。她不但把它退回，又附了一张便条，上面写道："我们从此一刀两断吧！"

当他向朋友诉说这段经历时，还委屈地说："你看，我只是写一份协议书而已，又有什么错？婚姻毕竟是终身大事，我不能不慎重行事啊！"

这个小伙子真是大错特错。他处理婚姻问题的做法，和他对待工作、金钱、朋友等事情的态度都很相像。他可能过分紧张，过度谨慎，过于吹毛求疵。

会赚钱的人不是在问题发生以前，先把可能产生问题的因素统统消除，而是一旦发生问题，有勇气克服种种困难。对于一件事情的完美要求必须折中一下，这样才不至于陷入行动之前那片永远等待的泥沼中，当然最好是有"兵来将挡，水来土掩"的大无畏精神。

为缩短万事俱备以后才行动所浪费的等待时间，你必须具备以下的优秀素质：

1. 遇到困难时，勇敢面对，绝不畏缩。一位商人说："我们无论如何也买不到万无一失的保险。"所以当你制订一项计划时，不要瞻前顾后，而要下定决心去实行你的计划。

2. 能预料到种种困难发生的可能性。因为每一个冒险都会带来许多风险、困难与变化。假设你从南京开车到上海一定要等到没有交通堵塞、汽车性能没有任何问题、没有恶劣天气、路上没有喝醉酒的司机、没有任何类似的意外之后才出发，那么你要等到何时才出发呢？你永远走不了的。只能当你计划到上海时，先在地图上选好行车路线、检查车况及排除其他的种种意外，比如气候、工作进度、朋友或同事邀约等。这些都是出发前需要确认的事项，但从理论上说，你仍无法完全避免所有的意外。但你还是要动身，必须如此。

干任何事都是需要条件的，而要具备这些条件往往会耗费许多精力，拖延漫长时间，有时还没等到条件成熟，周边环境已经变化，旧条件没达到，新问题又冒出来，结果还是下不了手，最终不了了之。

所以，富人赚钱的原则是：做生意不能像做菜，把所有的料都准备好了才下锅。

> ⊙ 常人与富人的思维精要
>
> 常人想：我还没有准备好，这样做风险很大，弄不好就会身无分文，还可能欠债，那就麻烦了，等机会成熟了再说吧。
>
> 富人想：干起来再说，边干边寻找机会，边干边创造条件，边干边修正，边干边完善，你是常人你怕什么！只要大方向是对的，也许最初看起来没有希望的事，干到最后会有好的结果。

想到就做到，不做连难度都不知道

要想知道梨子的滋味，就要亲口去尝一尝。这其实是再简单不过的道理，不行动永远不会有结果。弱者之所以弱，很多时候不是因为没有梦想，而是没有去把梦想变成现实。

在人生或事业中，要想走在别人的前面，就不要等待"境况会发生好转"或"事物会自我纠正"。

美国通用电气公司前总裁杰克·韦尔奇说："行动是经商的第一关键。"想做什么就要敢于去做，不能瞻前顾后，畏首畏尾，那样不会赚到钱。

网易创始人丁磊原来在浙江宁波电信局工作时，待遇很不错。1995年，丁磊想要创业时,家人极力反对。但是,丁磊认准了自己的选择,就要敢于去做,于是他毅然从电信局辞职了。

后来,他这样描述自己当时的行为:"这是我第一次开除自己。"

有些人,想到什么就去做什么,尽管通过自身的努力,没有实现目标,但是,他不会有遗憾。尽管他们在创业的道路上也不断失败,但是,正如失败是成功之母,他们在创业的道路上学会了避免失败,结果,他们都能成功。

而有些人尽管不时想到一些好点子,但是,他没有去做,结果,留给他的永远是遗憾。

那些贫穷的人一生都在等待,等所谓的机会,等条件成熟,头发等白了,心也等老了,最后即使条件成熟了,也懒得干了。所以说,机会不是等出来的,而是干出来的,不干永远没有机会。

⊙常人与富人的思维精要

常人想:我这个想法绝对可以挣大钱,但以我现在的实力,实现起来很困难,根本就不可能成功。

富人想:没有什么不可能,不管怎么着我也要试一试,光说不练就是"思维的巨人,行动的矮子",同时也会与财富擦肩而过,留下终生的遗憾。

想成为富人要有一点胆识

成功与财富,甚至你想拥有的每一种东西都不是与生俱来的,要得到这些,往往需要勇敢与努力。有道是"无限风光险中求",要领略到绝妙的风景,必须拥有一定的胆识,克服弱者的心理。比如,对于恐惧电脑的人来说,最重要的就是插上电源,开机!而对于想成就一番事业的弱者来说,最重要的就是干起来再说!

弱者往往是胆小谨慎的,这就像一个怪圈,越弱越怕,越怕越弱,直到最后被逼无奈,才敢迈出一步,尝试去过新的生活。而这时,很多机会已经被先行的人占去了,要想在激烈的竞争中占有一席之地,谈何容易。

所以,弱者只有认识到"出路在行动,晚动不如早动"的道理,才有可能成为强者。

1991年春节前,王均瑶和一些温州老乡一起从湖南包大巴车回家过年。在翻山越岭的1200公里的漫长路程中,王均瑶说了一句汽车太慢了。那时,一位老乡开玩笑地说:"飞机快,你坐飞机回去好了。"没想到这样一句玩笑,竟然激起了王均瑶的"野心",他想:是啊,我为什么不能包飞机呢?

他想到就去做。王均瑶随后做了详细的客源调查,并向湖南民航局递交了一份构思严密、数据可靠的可行性报告,表示自己要承包长沙至温州的航线。

民航局的人对此十分诧异,认为王均瑶有点异想天开。

但是,王均瑶却坚定地对民航局的工作人员说:"你们考虑的核心问题是经营风险,这个险我来冒。我先把几十万块钱押给你们,等于每次先付钱,后开飞。我不押钱就不飞,这样你们就'旱涝保收'了。"

王均瑶的提议终于打动了湖南民航局的人,然后,双方就"先付钱,后开飞"开始洽谈,并达成了共识。为此,王均瑶跑了无数个部门,盖了无数个章。

1991年7月,长沙至温州的航线终于开通了。

一架"安24"型民航客机从长沙起飞,平稳地降落在温州机场。这是国内第一条私人承包的包机航线,王均瑶被誉为"胆大包天"第一人。

谈起包飞机,王均瑶说:"那是我生命中最重要的一天。我的个人形象、人生道路都改变了!如果说人生是个大舞台,那一天,作为一名演员,我面试合格,被允许登场。"

为了包机,王均瑶还创办了中国第一家民营包机公司——温州天龙包机有限公司。1992 年，天龙包机公司总共开通了 50 多条包机航线。

2002 年 8 月 18 日，王均瑶的均瑶集团参股中国东方航空武汉有限责任公司。这是国内首家民营企业参股国有航空运输业，时年 35 岁的王均瑶也被称为"民营资本进入航空业第一人"。2003 年，均瑶集团被批准购买宜昌机场，均瑶集团投资 6 个亿用于购买和改造宜昌机场，这是中国首次批准民营企业购买机场。

能成功的人从来都不缺乏胆识，他们敢作敢为，因此他们获得了更多的发展机遇。

在现实生活中，许多人习惯于在别人成功之后，不无遗憾地说："其实我也想到了，只可惜我没有像他那样去做，要不，我也会成功的。"这说明，你看到了机遇，就应该立即行动，没有行动，只能证明你缺乏胆识，而胆识正是经商的第一关键，缺乏胆识也就选择了与成功擦肩而过，留下的是终生的遗憾。

⊙ 常人与富人的思维精要

常人想：没人干过这种事，没有先例可循，万一搞砸了怎么办？

富人想：没人干过怕什么？别人不敢做，才没人跟你抢，统吃整块蛋糕，市场才大嘛！

第9章
逃脱"乌合之众"陷阱,去做10%的人

　　赚钱总是有办法,就是你去做10%的人,不要去做大多数人。做少数富人,你需要换思想,转变观念,拥有富人的思维,就是和大多数人不一样的思维。"换个方向,你就是第一。"因为大多数人是一个方向,千军万马都一样的思维、一样的行为,是群盲,就像羊群一样。只有学会思考,学会判断,不做大多数,才能把别人认为不可能完成的任务变成可能。

哪里没有市场，就到哪里去

没有市场意味着什么？意味着这里还没有被开拓，没有竞争或竞争不激烈，还有很大的市场潜力。事实上，想发财就要寻找市场的真空点、薄弱点，要想赚别人赚不到的钱，必须能做别人做不到或不敢做的事，这是获得财富的法则。

想发财，就要从"没有市场"处找出市场，在有机会的地方能抓住机会。没有机会也要想着去创造机会，市场不成熟也要把它"煮熟"，要从机遇中获益，一定要有"抢先""趁早"的精神，即使这机遇从外表看来还不算成熟。

在拉萨这样的雪域高原，活跃着这样一群商人。他们从20世纪70年代末开始陆续来到这里创业。他们从事各行各业，凭着自己灵活的头脑和辛勤的劳动，在拉萨乃至整个西藏，写下了一个又一个精彩的故事。

其中郑月球是最早来到拉萨的商人之一。

20世纪80年代初，年仅20岁的郑月球为了生活，坐上长途汽车，离开了家乡。从温州乐清到上海，从上海到西宁，从西宁到格尔木，从格尔木到拉萨。20多天的旅途，郑月球不知换了多少趟汽车，好不容易来到目的地，高原反应又让他好几天起不了床。但是，这点挫折并没有难倒他，稍微适应后，他就开始找"生意"了。

"这里的市场比较落后，信息闭塞，资源又缺乏，所以只要我们能找到当地需要的东西，是没有卖不掉的。"郑月球这样描绘当时的市场，20世纪80年代末，在拉萨的大多数温州人经营着低压电器、服装等生意。

看到商机的人越来越多地拥入拉萨。一时间，拉萨随处可见生意人的身影。娘热路、青年路、林廓北路等拉萨最繁华的几条商业街上，店铺林立。他们卖电器、卖服装、卖礼品、做工程，涉及行业达数十个。

富人的眼光，富人的头脑，越是在落后、闭塞的地方，才会越发地绽放光辉。在信息闭塞的地方，你的信息不闭塞，你的头脑不停滞，你就会是赚大钱的那个人。

> ⊙ 常人与富人的思维精要
>
> 常人想：经商就是为了赚钱，因此一定要在富裕的地方经营，这样才能赚到更多的钱。
>
> 富人想：如果大家都一窝蜂在一个地方经营，市场就被瓜分了。如果你反其道而行之，到落后的地方去经营他们最需要的东西，市场就全部是你的，还怕赚不到钱吗？

别人恐慌时，也许是你进入的最好机会

巴菲特有句著名的言论："别人贪婪我恐惧，别人恐惧我贪婪。"世界上任何恐慌都蕴含着商机，而且恐慌愈重商机愈大，这是一条被事实证实了的、颠扑不破的商业真理。

恐慌常在，而趁机而入的智慧并不是每一个人都具有的。想赚钱，不但要善于应对恐慌，化险为夷，还要能在恐慌中寻找商机，趁"慌"夺"机"。

2003年，一场"非典"闹得人心惶惶，然而一些人并没有恐慌，他们根据市场的需要，进入了许多以前想都没想过的行业，并且大赚了一笔。

由于"非典"病毒主要依靠空气进行传播，一时间口罩成了大街小巷行人的必备"防毒面具"。一些有头脑的人正是看到了这一点，在自己的小生产车间里迅速地生产口罩，他们的口罩被源源不断地送往全国各大城市销售，由于成本低廉，市场需求旺盛，因此他们的生意非常好，甚至到了火爆

的地步。

还有一些人不光生产普通口罩，他们发现一些年轻人非常注意自己的外表，虽然是戴口罩，但是也不断地追求个性和时尚，因此赶紧调整生产策略，调整出一部分生产线专门生产适合年轻人使用的口罩。

在别人恐慌的时候，他们不但没有慌张，反而更加清醒，做起事情来不慌不忙，而且紧紧把握市场的脉搏。

既然大脑赋予了我们神奇的力量，我们就应该学会开发它，而它也不会因为被塞得满满的而无法工作。聪明的商人会在第一时间察觉到潜在的商机，无论事情发生在什么时候、什么地点、什么情况下。

聪敏的人会时不时地给自己的思维充电，所以，他们不但会发现正在孕育着的商机，同样也会把握住商机，即使是在别人都陷入恐慌的状态下。

> ⊙ 常人与富人的思维精要
>
> 常人想：现在市场很淡，没有机会。没看到很多人赔得惨不忍睹吗？
>
> 富人想：在企业经营中，必须深谋远虑，具备超乎常人的坚忍性，能够在逆境中屹立不倒，在混沌阴暗之中找出真正的答案。别人慌乱我独醒，机遇来了绝不放手。

头脑发热时不要做决定

做生意就要去冒险，敢于冒险是商人应具备的胆识，但是，经商还需要有稳健的一面，用冷静的头脑去分析一下这个险值不值得冒。冒险不等于盲目投资、头脑发热，只有冒险和稳健共存，才能成功。

日常生活中，常常听到一些商人发出这样的叹息："假如我当初能够冷静点儿，头脑没那么发热，做决策时不那么意气用事，不在沮丧时选择放弃，恐怕我现在也已经很有成就了吧！我的生活也要比现在幸福得多吧！"

许多商人之所以壮志未酬，过着悔恨悲愁的人生，就因为他们在关键时刻头脑发热，没能冷静地思考形势。那些成功的商人不同，不管他们的前途怎样黑暗，心头怎样沉重，都会努力控制情绪，等到头脑冷静下来后，再来决定经营方针或下一步的行动方案。

今天，不论在哪个领域，最忌操之过急、头脑发热。因为头脑发热做不好生意，它只会加速毁灭你，以致身败名裂。

特别是在生意面对风险、危机、是非、未知，而需要选择、取舍时，商人必须时刻保持冷静的头脑。决策成功则百事兴旺，决策失误则后患无穷，因此经商时一定不要头脑发热。

商场上，商人要保持冷静的头脑是很不易的，因为他们所处的环境和面对的人和事都是相当复杂的。因此，这就要求商人能在错综复杂中厘清头绪，透过现象看到本质，从而保证判断准确、决策正确，必须具有远见卓识和敏锐的洞察力。此外，还要对行业、市场等有细致的了解和深入的观察。不被假象所迷惑、不被世俗所左右、不被人情所困扰，不会轻易受舆论左右、受潮流影响。抓住时机、减少失误，提高效率、确保成功。

> ⊙ **常人与富人的思维精要**
>
> 常人想：现在机会这么好，而且我们前期又有成功的经验，大胆地干，绝对没有问题。
>
> 富人想：一个人最大的缺点是在经营过程中容易因为一时的成就而自我陶醉，冲昏了头脑，一时间头脑发热，导致最终的失败。

大势好未必你好，大势不好未必你不好

经过对世界经济研究后，就不难发现，世界上的大多数成功企业是在对市场的混沌认识之下发展起来的。

在互联网刚刚被大家认识的时候，搜狐、新浪这些公司的创业者也不知道网站到底怎样做才好，甚至走了一些弯路，最后才回到正确的轨道上。那时候，互联网还没有形成规模，还不被大多数人了解和看好。在大势不好的情况下，张朝阳等人用自己的智慧成就了互联网的繁荣时代。公司规模迅速扩张，并成功上市。

但物极必反，随之而来的是"互联网的冬天"。但就是在这个冬天里，另一家公司却实现了事业的强势转折。阿里巴巴的马云甚至扬言："让互联网的冬天更长一些吧。"

著名企业家王伦说："当行业热潮渐退的时候，业界开始流传冬天来临的说法，那么如果说真的是冬天的话，这个冬天到底是谁的冬天？"

王伦分析大势不好的原因一般有以下几种：

1. 盲目追捧和投资。许多人只是听说某行业很赚钱，就盲目跟风，导致最后市场不但饱和，而且都把产品做烂了，所以死了一大批公司。

2. 业界的浮躁。一种新理念兴起而盲目跟风，最后导致垮掉。打个比方，一个城市突然冒出上万家××店，而且卖的东西都大同小异，严重供过于求，到最后，能不死掉一批吗？

大势不好，一大批公司死掉，不但不是冬天的来临，反而有利于行业的良性发展。因为正是这些公司的死掉，给众多盲目的人敲响了警钟，使他们能够更清楚、更透彻地看待这个问题；正是这些公司的死掉，结束了行业浮夸成风、鱼龙混杂的局面，目前活下来的都是比较有实力的，市场秩序更好一些。

⊙常人与富人的思维精要

常人想：现在大环境不好，干什么都不合适。

富人想：行业不好的时候，正是我大显身手的机会。

◀ 第9章 逃脱"乌合之众"陷阱，去做10%的人

跟风的策略

世界上所有生意都是由供求关系决定的，善于发现供求之间的流向，把握了供求之间的机会，也就把握了生意的本质。比如，一个新鲜产品或者新的行业，刚开始能够吸引很多消费者，老百姓也对这个行业比较看好。于是很多商人就认为这个行业肯定能赚大钱，就不管三七二十一，把钱往里面投。但是他们不知道，一艘船再大，也是有限度的，人一旦多了，就必然会使得一些人掉入水中，有时甚至还会导致翻船事故。

相反，有些商人处事冷静，遇到情况并不是盲目地一味跟风，而是认真仔细地分析这种炒得"热闹"的行业，透过现象看到本质，所以他们往往就能"人弃我取，人取我与"。

所以，要在别人贪婪的时候谨慎一些，在别人恐惧的时候大胆一些。善于发现供求之间的流向，把握供求之间的机会，就能做好生意，成为真正的富人。

谈及自己的创业经验，娃哈哈的创办人宗庆后的回答很简单："创业靠的就是感觉，感觉好我就会出手，我可能感觉比较准确、出手比较快吧。"

1987年，宗庆后奔走在杭州的街头推销冰棒，在送货的过程中，他了解到很多孩子食欲不振、营养不良，这已经成为家长们最头痛的问题。

"当时我感觉做儿童营养液应该有很大的市场。"当时已经47岁的宗庆后显然已经错过了最佳的创业年龄，但是，他并没有退缩，敢于去迈这一步。不管周围人怎么劝说，他固执地要创业。

1988年，宗庆后借款14万元，组织专家和科研人员，开发出了第一款

专供儿童饮用的营养品——娃哈哈儿童营养液。

当别人跟进的时候，宗庆后已经取得了很大的成绩，无论是技术、市场、人员、经验，还是资金方面，都领先别人一大截了。

这就是想别人不敢想的事，做别人不敢做的事，迈别人不敢迈的步伐。

同样是做生意，你起步晚了或慢了半步，人家就抢先成功了，商场上竞争是空前激烈的，面对不断变化的市场，错过一步就可能导致机会的流失。

如果经营思想陈腐守旧，产品面孔多年照旧，行销方式消极呆板，销售渠道狭小不变，不仅不能先人一步，反而要落人几步，肯定会被竞争对手拖垮，被市场的波涛淹没。

一个成功的商人，要做到让自己的决策先人一步，这样才能让自己的事业高人一层。

> ⊙ 常人与富人的思维精要
>
> 常人想：别人干什么我就干什么，别人能挣到钱我就一定能挣到钱。
>
> 富人想：先吃第一口，先迈第一步，就能领先别人好几步；先人一步，"钱"途无量。

天下没有不赚钱的行业，只有不赚钱的人

我们知道，这个世界上的人干什么的都有，各行各业，哪行都有。在有钱人看来，天下没有不赚钱的行业，只有不赚钱的人。

正所谓：三百六十行，行行出状元。哪一行做好了都能赚钱，都有商机。在会赚钱的人眼中，事事、时时都能赚钱，于是他们的钱越赚越广、越赚越多。

一位朋友说："再容易做的生意也有亏本的，再难做的生意也有赚钱

的！我是做建材的，有的客户跟我抱怨说他们市场不好开发，但是也有客户却每个月都会要货，而且量保持稳定。"

人们常说这一行不好干，那一行不好干，总是感觉这个行业饱和，那个行业饱和。自己做的时候不知道怎么做，感觉力不从心，为什么还是有人做得有声有色呢？

1947年浙江人王宽诚来到香港，设立维大洋行（香港）有限公司，随后又设立幸福企业有限公司，经营金融、地产等业务。那时香港经济萧条，地价暴涨，房地产不被看好，很多人不会想到做这一行。王宽诚经过认真分析，预料几年后香港经济必然恢复，于是，果断大胆地在新界购进了大片土地，建造了数十幢名为"海园公寓"的高层住宅。由于经济不太景气，所以建筑行业渴望雇主上门薄利承包，因此"海园公寓"的造价很低。1949年，大批达官巨商蜂拥香港，王宽诚将"海园公寓"卖给他们，从中大赚了一笔。

其实，只要你去干，肯吃苦，肯动脑子，都能干出来，哪一个行业里都有经营有方大赚特赚的，哪一个行业里也都有赔钱的。在饱和的市场有人赚钱；同样在一个比较红火的行业里，也有人不赚钱。

不管行业怎样千变万化，市场总是有机会。市场是经济发展的舞台，许许多多的有志之士通过这个舞台导演出一幕幕有声有色的话剧来，剧有时演得好，有时演砸了，不管怎样市场这个舞台始终是充满活力的。

我们知道，春夏之交，一般公司认为是洗衣机的淡季，但是，海尔人却认为，夏天本来应该是洗衣服最多的季节，只因为市场上没有适销对路的产品，才使销售洗衣机的旺季变成了淡季。

市场就是这样残酷，虽然充满活力，如果我们市场意识不强、观念落后，仍然会败下阵来。一个人能否挣到钱固然与客观因素有关，但观念意识跟不上发展，不能适时地改变和调整自己的经营模式、策略，才是失败的主要原因。

所以，千万不要轻易判断一个市场是否丧失了生命力，因为任何市场都是多层次的，可能那些拨云见日的商业机会正从看似黯淡的行业里探出头来。

> ⊙常人与富人的思维精要
>
> 常人想：现在市场不景气，竞争激烈，哪一行都不好做。
>
> 富人想：哪一行都赚钱，只要你用心去做。我有10万元，绝不会像其他人只用5万元，留5万元备急，而是把10万元全投进去，还借款，以便在市场上尽力获得竞争优势。

学会投资而不是投机

投机就是钻空子。投机者在法律不健全和社会不稳定的时候的确可以获得大利润，但投机只能获取眼前利益，无法保持长远。弄得不好，连眼前利益也获取不了。

投机者一般有两种心态：

1. 投机的人不断地选择开头，什么赚钱做什么，别人做什么赚了钱，他就做什么。

2. 投机的人总是期望收入远远大于付出。

鸡生蛋，蛋生鸡，很多人一辈子都纠缠于这样的寓言。他总在想，花2元买一注彩票，如果中了大奖，得了500万元，又拿去投资，又赚了500万元，又投，又赚，几年下来，不成为富人都难。

于是他拼命买彩票，把一脑袋的美梦寄托在彩票身上，一周10元，也不算多，如果中了，那可就是几百万元呀！天上总会掉馅饼的，而且总会砸在某个人头上。这个人为什么不可以是我？！

穷人都是这样想的，而且很自信。买！就这样买下去，一年下来，算算账，发现每周 10 元，你居然已经为你的美梦支付了 480 元。

梦想越强烈，醒来也越痛苦。看看你身边的人，有几个是靠买彩票改变命运的？当然，买彩票只是个例子，也就是说，有些人想问题太简单，投机心理太重。

而一个亿万富翁，如果也拿出全部家当，也就是上亿的资金，他能不认真考察论证，得出完善的方案再下手吗？这就是投资。

但是投资并不是件容易的事情。首先，在投资过程中，投资者应有一个全局观念，应该遵循以下几个原则：

1. 制订一套适合自己实际情况的投资计划和策略，有比较清晰的投资前景。

2. 定期检查并调整投资项目，不能一条道走到黑，要随机应变，看风使舵。

3. 最好能花费些时间去进行研究，如调查市场行情走势，了解最新信息，掌握他人心理。自己要做好投资记录分析，不能被动地等待天上掉馅饼。守株待兔绝不是一个真正成功的投资者的态度。

4. 投资分析尽可能做到客观公正，尽量考虑各种影响因素，时时保持冷静头脑，切不可意气用事、误打误撞。更不能把赌博的心态带入投资活动中。

5. 脚踏实地做好自己擅长的工作，这就是最好的投资。你擅长做技术，就争取把技术做到最好；擅长做生意，就把生意做到一流。做这些赚钱，比你去心急火燎地投机稳得多。

> ⊙ 常人与富人的思维精要
>
> 常人想：赚钱要短、平、快。
>
> 富人想：投资是一条致富的捷径，也是一条险道，需要认真地考察，谨慎地规划，并不断研究行情。

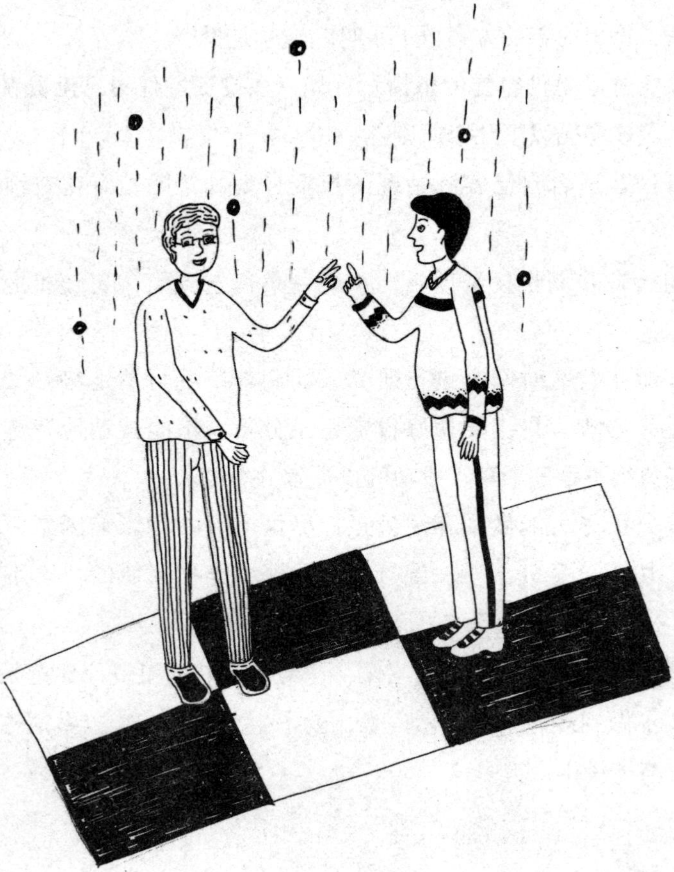

第10章
算大账，也算细账，算小账

我们经常说"这人越有钱越抠门"，比如，一个身价以亿计的商人对他的员工说："什么？买10把扫帚还不去批发？太浪费了。"我们或许曾经瞧这些人不顺眼，但是，很多看似不可理喻的事，背后其实都有着清晰的逻辑关系。正因为有钱人对每一笔支出、每一笔花费都十分敏感、十分计较，所以才能在激烈的市场竞争中，以低廉成本赢得市场，成为商场上经常的赢家。所以，很多商人可以不眨眼地做出十几亿元的投资决定，同时又会节省每一分他认为应该节省的钱。

正是这种对钱的价值的尊重，才让投资资金发挥最大的价值。真正的富人，既算大账，也算细账，算小账。抠门是对钱的价值的尊重。

想赚钱先学会省钱

商圣范蠡有言:"费用要节俭,切勿奢华,奢华则钱财竭。"一般来说,商人有两种心态:一种是奢侈挥霍,视钱如泥沙;一种是俭朴自守,希望一文钱掰成两半花。成功的商人属于后一种。积沙成塔,集腋成裘,节俭是中华民族的传统美德,也是商人的精神内容之一。

在现今的市场竞争中,经营者若能不断积累自己的资金实力,当用则用,当止则止,必然是稳健而笃实地握有雄厚的资本,便可以选准方向得心应手地赚取利润。这就充分发挥了开源节流、俭朴行事的巨大作用。

赚了钱,就轻易地花掉,那么,积累钱财就是件不可能的事情了,更甭提扩大再生产与致富了。大商人善于积累,懂得把小钱汇聚成大钱,把别人用来攀比显阔的闲钱主动用于扩大再生产。

也许,大商人外表并非一些小商人那般富丽与显赫,但他们所积累的不光是金钱,更是智慧、经验、人心、机遇,以及下一轮的竞争优势。

香港首富李嘉诚,他从来不讲究衣服和鞋子是什么牌子,一套西服穿十几年是平常事;10双皮鞋有5双是旧的,皮鞋坏了,补好了照样穿;那块永远快10分钟的手表是普普通通而且用了很多年的电子表;为了赶时间,几块钱一包的饼干也可以当美餐。

也许有人会说:"这样一来,面子往哪儿搁?"的确,有许多商人不仅自己讲面子,还要给别人面子。比如和对方打交道,很注重接待规格,接待规格越高,那就算是给足了面子,这笔生意就基本上算是搞定了。

谈生意的时候面子是要讲一些的,但千万不要过于铺张。

1999年5月,李泽楷的身价已经涨到几十亿港元,在接受《亚洲周刊》的记者来访时,他手上戴一块Swatch手表,脚上穿一双俗称"白饭鱼"的鞋，这种鞋在香港遍布街巷的便民超市随处可见，一般只售15港元。李泽楷通常穿便服、斜纹裤，除非正式场合，为表示对主家的尊重，他才会穿礼服。参加《南华早报》与DHL举办的杰出商业人士成就奖颁奖会，他也没有打领带。对日常饮食，他更是持一种喂饱肚子便罢的快餐风格。

《巴菲特和索罗斯的投资习惯》一书中有这样一句话："省一美分比赚一美元更重要，如果不懂节俭，你就保不住已经赚到的钱。"的确，节俭彰显出一个人的素养和美德，更是追求致富过程中不可或缺的好习惯。难怪索罗斯在谈到自己的财富时曾说："成功的好处之一是我可以买得起我想要的东西，但我没有奢侈的品位。相比我的财富水平，我的生活水平一直非常一般。"

想赚钱吗？那就先学会省钱吧！赚钱是明天的事，省钱，你今天就看得到。

> ⊙ **常人与富人的思维精要**
>
> 常人想：该省的地方很能花，该花的地方很能省，但省的总是比不上花的。
>
> 富人想：赚钱是明天的事，省钱，你今天就看得到，没明确自己如何赚钱的时候，好好思考一下如何省钱。

只要你愿意，就能省更多

"我已经很节约了，能不买的东西我尽量不买，对于自己想吃的东西我也尽量不吃，衣服能穿的尽量穿……我一直都很注意节俭，那我还能省下一些别的什么呢？"也许有些人会觉得自己一直很节约，已经没有什么地方可以再省钱了。真的是这样吗？

有一个朋友说过这样一句话："这个世界上的每一件事情，即使是看似不可能发生的事情，也有发生的可能。"其实，只要你转变一下思维，换个角度看问题，你就能发现，很多看似不能省钱的地方也能省下一大笔钱来。

比如，我们生活中看似不可缺少的一次性纸杯、一次性筷子、一次性餐盒、一次性圆珠笔……这些一次性用品是不是在你家里随处可见呢？你是不是也习惯了这些一次性的东西，觉得它们干净、方便、便宜呢？你是不是觉得它们已经构成了你生活的一部分，离开了它们你就会觉得生活不那么方便了呢？你是不是觉得这些东西不能省去呢？

诸如此类的日常用品，看似不可或缺，其实，它们完全都能省去。换句话说，它们都能被更好的东西替代，从而给你省去一笔不小的开支。一个纸杯只要几分钱，而一个普通的玻璃茶杯要几块钱，看起来好像买纸杯要比买茶杯省钱多了，可是，一个纸杯只能用一次，一年中你要用多少个纸杯？一支一次性圆珠笔才几毛钱，比一支钢笔便宜多了，但一支钢笔的使用时间将超过上百支一次性圆珠笔的使用时间。

另外，很多一次性物品都是粗制滥造，质量根本得不到保证，而且还含有大量对人体有害的物质。用这种东西，真的是得不偿失。

因此，换个角度思考，换个方式思维，你便能够省下大笔的开支，把这些钱用于投资，让钱生钱，何乐而不为呢？

有一个商人开车回家途中，把后视镜给撞坏了。因为商人的车投了保险，家人让他去保险公司索赔，商人却不急着去。手里有确凿的证据，只要去索赔，保险公司肯定会给付一笔保险费，那商人为什么不去呢？

原来商人曾经在保险公司工作过，深知车险的奥秘。他向家人解释道："这是我今年第一次出问题，而且现在已经到年底了，再过几天就是新年了。去保险公司，像这种小问题，一个后视镜赔不了多少钱，但是，如果我不去保险公司的话，在他们那里的记录就是一年都没有出现保险事故，明年我再去买保险的时候，保险公司就会给我10%的优待。这可是一个不小的优惠，到时候我可以省下好几百元呢。"

看看，去保险公司索赔只能要个几十块钱，不去保险公司索赔反而能节省几百块钱。真是思维一转变，少花不少钱。

靠出卖苦力积累财富的时代一去不复返了，只知道埋头苦干未必能发家。如今的社会，靠的是思考致富，只有勤于思考、善于思考，才能迅速致富。关键是不要走老路，老路走的人多，机会也就少了。

明代商人书《商贾醒迷》告诫经商之人："出纳不问几何，其家必败；算计不遗一介，维事有成。""临财当恤，记账要勤"是很有道理的。

> ⊙常人与富人的思维精要
> 常人想：买东西的时候用优惠券，不买昂贵奢侈的东西，坏了的东西修好照样用……我一直都是这样做的啊，那我还能省下一些别的什么呢？
> 富人想：很多看似不可或缺的东西，只要你愿意省，就能省下来。

将成本控制到每一分钱，将盈利增加到极限

成本是任何企业生存和发展不可不谈的话题，成本的高低往往直接决定了企业的生存与发展，成本控制对每个企业来说都是管理的重点之一。每一个商人都企图将自己的成本控制到最低，同时将自己的盈利增加到最高。

降低成本可以提高盈利水平，增强产品的竞争力，扩大市场占有率，这是毋庸置疑的。而要降低成本，就必须进行科学的成本管理。著名管理学家麦肯锡曾说："成本优势的巨人却是成本管理上的侏儒。"

其实，成本控制是一门花钱的艺术。如何将每一分钱花得恰到好处，将企业的每一种资源用到最需要它的地方，这是中国企业在新的商业时代共同面临的难题。

当今时代，无论是小企业还是大集团，都十分注重成本的控制。

世界船王包玉刚对控制成本和费用开支特别重视。他追求将自己的产品成本控制到每一分钱，将自己的利润增加到极限。与此同时，他也是一直坚

持不让他的船长耗费公司一分钱，他总是说："不要跟那些与花费目标有关系的人一起休息。"他也不允许技术部门的负责人直接向船坞支付修理费用，原因是"他们没有金钱意识"。

像包玉刚一样，很多商人都会想方设法通过一系列措施完成自己每一分钱的成本控制，从而实现增加营利的目的。

山东云刚机械制造有限公司是一家民营企业，这个企业主要从采购、生产过程控制、产品设计控制、行政管理费控制、信息成本控制等方面来完成自己的成本控制。从采购的角度上来讲，企业会通过厂家直供的模式，减少经销商的环节；在过程控制方面，企业会精打细算，杜绝原材料的浪费；在产品设计方面，在保证安全的前提下，企业将原来较为保守的数据优化，以减少原材料的用量。

积累资金，才能创造更大的成功。经商创业，目光要远大，但同时一分钱的利润也不能小看。每个人都能做商人，但并不是每个人都能成为好企业家，要想成功，就得从点滴做起。作为生意人，应该把注意力集中在企业利润上，而不能把时间浪费在无意义的事情上。

> ⊙常人与富人的思维精要
>
> 常人想：小小的浪费不算什么，一年下来也没有多少钱。
>
> 富人想：多挣钱的方法只有两个：不是多卖产品，就是要节俭，降低管理费。

成本竞争，"微"利是图

苏州有一家名不见经传的企业叫正源吸管公司。别看这家企业小，它可是赚小钱的"世界冠军"，他的老板最晓得"微"利是图。

该公司厂房的小院子里停着一辆运货车，车身赫然写着"正源吸管——

全球最大的吸管供货商"。创始人张涛说:"公司5年前从事出口,现在90%以上的吸管外销,产量占了全球吸管需求量的25%以上,世界各地都在用我们的吸管。"

这家企业所做的产品,其貌不扬,非常细小,就是大街小巷到处可以看到的喝饮料的那种塑料吸管。

有人就会问了:一根细细的吸管能卖多少钱?张涛给我们算了一笔账:"平均销售价在每根8—8.5厘钱,其中原料成本50%,劳动力成本15%—20%,设备折旧等费用约15%,纯利润约10%。也就是说,一根吸管的利润在8—8.5毫钱之间。"这可真是一笔小得不能再小的钱,然而正源公司依然能赚钱,这主要就来自他们有效的成本控制。因为他们在成本竞争市场占据了先机。

为了节约成本,正源公司的一切都"丝丝入扣":夜里的电费成本低,公司就把耗电多的流水线调到夜里生产;吸管制作工艺中需要冷却,生产线上就设计了自来水冷却法……当然,产品的最终质量必须是过硬的。吸管要耐热,所采用的塑料就必须符合安全标准;不同国家的客户对吸管的颜色、形状有不同的需求,有的甚至只需要黑色的吸管,公司就要及时开发。

张涛说:"这是不得已而为之。不精打细算,我们就保不住微利。"正因为产品不起眼,别人不屑于生产,"正源"反而做到了最大。如今,公司每天有两个集装箱约8吨重的产品运往世界各地。

那么8吨的产量相当于多少根吸管呢?我们得到的回答是1500多万根。张涛测算,这些小小的吸管给公司带来的利润每月是40万元,而且市场非常稳定。因此,有了资本积累的"正源"现在又向生产塑料口杯等不起眼的领域扩展,同样很顺利。

"正源"的成功在于他们让"薄利"与"多销"良性互动,从而赚了大钱。

目前,我国很多小企业的利润空间都远远大于8毫钱,然而,由于不懂得控制成本,不懂得薄利多销,而且财务管理水平低劣,到最后甚至连8毫钱的利润空间都保证不了,只能倒闭了之。

商人要时刻想着节约成本开支,降低产品售价,这是提高企业竞争力、改善经营效益的关键所在。

> ⊙**常人与富人的思维精要**
> 常人想：成本很高，利润空间很小，再怎么做都无利可图。
> 富人想：商人要赚钱，就要降低生产成本，同时注重薄利多销，从一点一滴中积累财富。

节俭与成本的聚变效应

股神巴菲特在省钱方面有着自己独特的见解。他虽然坐拥亿万资产，但仍然住在几十年前买的小房子里，还是经常自己去商场购物，并每次都把商场给的优惠券收好，以便下次购物时使用。有人问他："你这么有钱，为什么还使用优惠券呢？这样做不过每天能节省一两美元，一生能够节省多少？"

巴菲特答道："省不了多少？你错了，这省下的可不少呢，足足有上亿美元呢。"

"一天省个一两美元，能够省下一亿美元？"虽然巴菲特是股神，但那人还是怀疑。巴菲特分析道："虽然每天省一两美元从表面上看起来没有多少，但是如果我一直这样坚持，一生中我大约能省下5万美元。而你不这样做，那么，假如我们其他收入一样多的话，我至少比你多出5万美元。更重要的是，我会将这5万美元用于我的投资，购买股票。根据过去几年来我平均投资股票每年获得18%的收益率，这些钱每4年就会翻一番，4年后我就会有10万美元，40年后将达到5120万美元，44年后就超过了1亿美元，60年后就超过16亿美元。如果你每天省下一两美元，到时候你会拥有16亿美元，你会怎么做？"

换了你，你会怎么做？我想，看到这一点任何人都会乐意去节约这每天的一两元，把它们用于投资，以便得到巨大的收益。但实际上，我们真是这么做的吗？

节俭的品格反映到生产经营管理中，就是对成本的节约，成本的节约就意味着产品利润空间的提升，产品的市场竞争力增强。所以，我们说节俭与成本会产生聚变效应。

艾柯卡刚担任福特公司的总经理时，第一件要办的事就是召开高级经理会议，确定降低成本的计划。他提出了"4个5000万"和"不赔钱"计划。

"4个5000万"也就是在抓住时机、减少生产混乱、降低设计成本、改革旧式经营方法4个方面，争取各减5000万元管理费。

以前每年工厂准备转产时，要花两个星期的时间，而这期间大多数的工人和机器都闲着。这使一部分人力和物力资源闲置，长期积累，必定也是一笔可观的数目。

艾柯卡想，如果利用电脑制订更周密的计划，就可以使过渡期从两星期减为一星期。3年过后，福特公司已经能利用一个周末的时间做好转产准备，这一速度在汽车行业是从未有过的，每年能够为公司减少几百万元的成本开支。

3年后，艾柯卡实现了"4个5000万"的目标，公司利润增加了2亿元，也就是在不多卖一辆车的情况下，增加了40%的利润。

> ⊙ **常人与富人的思维精要**
>
> 常人想：省去那么一点对成本的影响很小，所以不必在上面下功夫。
>
> 富人想：节约一块钱，就将得到数十倍、数百倍的收益。

在细节处体现节约

细节决定成败，这是被很多人认同的道理。但是不少人认为细节就是指管理上的细节、质量上的细节,其实,在开源节流方面,更要注重细节。

美国亿万富豪保罗·盖蒂说:"全心全意地注意即使是最细枝末节的地方,不忽视替自己或工作的公司减少费用的机会,这就是致富的诀窍。"此话说明在经商中应力主节俭,减少开支,从而可提高企业的经济效益。

兰州有一个机械制造厂,1997年就拥有7200多名职工,年销售额达5亿元。就是这样一个国有大型企业,1997年全年支出的办公文具费仅为2533元。为了降低成本,职工想尽了各种办法,20世纪90年代初,他们就推出了"比价采购、多元对多元"的采购办法,而且还在厂里长期不懈地推行"六个一"工程,其中仅工人每年捡回螺钉螺帽这一项,一年就能为厂里节约10多万元。该企业老总说:"丢一个螺钉看起来无所谓,但全厂7000多人,一人一天丢一个,那还了得?"

别小看点滴节约的涓涓细流,一个螺钉、一张纸也许不算什么,但积少成多,日积月累后也是相当可观的。对一个大的企业来说,随便紧一紧,每年就可节约百万元甚至千万元。

很多企业推出节约措施,不只着眼于经济效益,更注重培养艰苦奋斗的作风和集体主义的精神,建设勤俭节约的企业文化。如果人人都大手大脚、挥金如土,不但抵销了企业的效益,浪费了宝贵的资源,还助长了奢靡之风。

节俭不只是说说而已,它常常体现在许多细微的地方。从细微之处体现节约,你将得到让自己都十分吃惊的收获。

> ⊙常人与富人的思维精要
>
> 常人想:做事情一点都不大气,抠抠搜搜。
>
> 富人想:必须注重节俭,不忽视替自己或工作的公司减少费用的机会。

第11章
悄悄赚钱，只做不讲，或者多做少讲

当一个人发展顺利，取得一些成就后，进取心也较强，很容易犯好大喜功、急于求成的冒进错误。可是现实中很多人风光热闹一阵后不几年就销声匿迹了，这种情况并不鲜见。而真正的富人都不喜欢见记者，甚至年销售几亿元、几十亿元的大公司，老板没有一篇个人专访，这在富人中并不稀奇。

真正有钱的人也不喜欢到公众场合露面，即使是一些在很多人看来很重要的场合。他们信奉一条规则：只做不讲，或者多做少讲，悄悄地赚钱，不事张扬。

不摆大，哪怕你真的是老大

商人为人处世一定要低调，处处谦逊。暗暗地从"小苗"长成"大树"。切忌目中无人，盲目自大。

韦钧千曾经是浙江宁波艾利特服饰有限公司董事长。早在1988年，现在很多知名领带品牌还不见踪影的时候，韦钧千已经在嵊州开始了领带生产。做领带很多年了，也积累了大量的财富，但企业一直默默无闻。

在浙江，低调的大商人很多。"我真的算不了什么，"谈起个人财富，39岁的民营企业主张忠良总是过分谦虚，"其实在我们慈溪，我的财富只能排到第20位左右。"

张忠良说："跟他们相比我们实在太小了，我们还要踏踏实实地努力。"尽管他是中国最大的调制解调器结构件和接插件专业供应商和世界主要彩电高频头供应商。

"我的生活经历对我影响非常大。"出生于慈溪乡下一个贫苦农民家庭的张忠良，小时候全家五口人住在不到50平方米的农舍里，"即使把全部家当变卖了，也卖不到5000元。"靠着亲朋好友东拼西凑借给他的2万元创办了自己的工厂后，这位农民企业家从最初做模具机械加工到今天，已成为当地的巨富。

如今身为中兴精密集团董事长兼CEO，张忠良一直保持着顽强的拼搏精神和低调的为人处世风格。

浙商是真正的"平民""全民"，他们最大众化，是名副其实的"草根一族"。一则他们十之八九是普通老百姓，发达前往往是农民。二则他们"无资金、无技术、无市场"，白手起家，从"草根"开始生长。任何人都可以从浙商的低调内敛的经营实践中，悟到许多正面的启示。

> ⊙ **常人与富人的思维精要**
>
> 常人想：做生意的人要高调一些，不然人家会瞧不起。
>
> 富人想：商人，为人处世要低调，切忌张扬，更不要目中无人，即使自己已经富甲一方。

讷于言，敏于行

中国有一句古语："机不可失，时不再来。"机遇，速可得，坐必失。时间有其自己的特性：一是无法返回，二是无法积蓄，三是无法取代，四是无法失而复得。机遇离不开时间，时间是机遇的生命。要想把握机遇，不但要努力学习科学知识，着重认识事物发展的必然规律，而且要有一种锲而不舍、雷厉风行、只争朝夕的精神，绝不能四平八稳，"一等二看三通过"，坐失良机。

商机问题，既是机遇问题，又是速度问题。

市场需求是一种必然，但必然常常以偶然表现出来，所以企业在竞争中会不时地碰到各种偶然的机会。由于市场机遇来得快消失也快，消费者需求变化快，竞争对手崛起快，这都要求企业信息快、决策快、营销快。"快"是一大优势，可以赢得顾客，战胜竞争对手。只有"快"，才能提高效率，减少劳动支出，降低成本，为实施先人一步的策略创造条件。树立效率观念，就能以快动作、低成本、高收益来捕捉市场机遇。如果不能迅速看准和抓住市场闪现的这些机会，就会被捷足者先登。

同一个项目，你起步晚了或慢了半步，人家就抢先成功了；同一个产品，你生产慢了，人家就抢在前面大量生产了；同一个市场，你不占领，别人就独霸了。要知道市场竞争是空前激烈的。

很多大商人虽然行事低调，"讷于言"，但是一旦有了市场信息，他们就会闻风而动，绝对的"敏于行"，在别人还来不及反应的时候，就已经做成了生意。

比如2001年的夏天，当中国申办奥运会获得成功，很多人还在兴奋、狂饮、欢呼雀跃的时候，行动敏锐的商人已经将很多订单拿到了手。当伊拉克战争快要结束时，大家关注的是伊拉克今后的命运会如何，而行动敏锐的商人已经在伊拉克开张营业了。

20世纪80年代以来，鞋业兴旺。为了扩大生产，许多制鞋厂迫切需要生产效率高的鞋楦铣床。很多机床厂得知此信息后，认为这是一个新产品开发的好课题，便组织人马进行调查研究，编写可行性报告，做好开发设计与试制的准备。

然而，就在别的企业秣马厉兵之时，一个商人早已捷足先登。他们的鞋楦铣床新产品已陈列在订货会展台上。

想赚钱，想做好生意，不一定要"讷于言"，但一定要"敏于行"，对时间的争夺要争分夺秒，见机会，先人一步，果断出击。

⊙ 常人与富人的思维精要

常人想：想发财最重要的是能说会道，巧舌如簧。

富人想：想发财最重要的是果断行动。犹豫不决固然可以免去一些做错事的可能，但也失去了成功的机会。即使你嘴巴不够快，但你行动必须快，敢于果断出手抓住商机。

◀ 第11章 悄悄赚钱，只做不讲，或者多做少讲

不忙于出名，只顾闷头搞钱

真正富有的人不喜欢到公众场合露面，即使是一些在很多人看来很重要的场合。企业间上千万元捐赠仪式，他们会派代表参加；上级领导莅临考察，他们也不一定赶回来陪同。

他们信奉一条规则：多做少讲，干到实处。

以温州人为例，他们做生意很少炫耀，哪里有机会，他们抢先去尝试，赚了钱之后，只是轻轻地一带而过，然后，就重新去开辟新的事业了。所以，在温州，没有人站出来夸耀自己的财富多，没有人评选到底哪个人是第一和第二，因为大家都明白，温州真正的高人很多，有钱人太多了。在温州，没人炫耀财富，大家都把精力花在如何疯狂地赚钱上了。

在他们口中，谈论起钞票，仿佛是很平淡的样子，丝毫没有任何的得意，很难想象几百万元、几千万元在他们眼里会如此不值得一提。所以今天，很多人去温州观摩，学习"温州精神"，学习到底是什么让他们如此出色？低调做事、低调做人是温州人最显著的一个特点，也是他们成功的因素之一。

他们之所以喜欢低调行事，是因为他们的冷静理智，注重拿业绩说话。毋庸置疑，但凡企业的老板，没有不忙碌的，如果每日要专门腾出大量时间用于应对媒体，势必影响其日常经营管理工作的开展。"冷静理智型"企业家坚信：毕竟企业最终是要靠成绩单来说话的，在踏实做事、多出成绩和分心费神与媒体"陪聊"之间，孰轻孰重，他们心中自有判断；同时，他们也担心媒体对自己吹捧过多，终致内心飘飘然，易滋生浮躁、盲目自大，遂不能沉下心来冷静地审视自身短处，不能进行理性的思考和做出正确的决策。

富翁们的成功之道就是低调务实与信誉成交，借低调和信誉谋求发展。低调做事、平和做人，恰恰也是现代商人的精神因子，是一个大生意人应有的本色。"闷声发大财""低调务实"是传统商业精神的一个重要内容。

比如，浙江奥克斯集团的董事长郑坚江很少参加各种论坛活动，雅戈尔的董事长李如成也是如此。然而，这些大老板私下里都潜心于产业与企业的发展，这也充分反映了现代商人诚信、低调、务实的性格特点与老一代商人的历史是一脉相承的。

跑码头，做帮工，老一代商人一点一滴地积累着财富，一步一个脚印地走上事业巅峰。综观不同时代各地商帮的代表人物，都将谦逊诚信如春风化雨般地融入自己的商业行为及为人处世之中。

> ⊙ 常人与富人的思维精要
>
> 常人想：经商做事就要学会故意造势，闹得满城风雨最好。
>
> 富人想：即使很有钱，也不能忙于出名。只有安下心来，脚踏实地，一步步地接近自己的财富顶峰，才能成为真正的巨商。

良贾深藏若虚

孔子年轻的时候，曾经受教于老子，老子对他讲："良贾深藏若虚，君子盛德，容貌若愚。"即善于经营的商人，总是隐藏其宝货，不令人轻易见之，而品德高尚的君子，表面上也往往表现得很普通。

一个人如果心直口快，缺乏心机，就极易被人利用。而古往今来成就大事业的人，无一例外是具有大度量和城府很深的人。

1. 学会"自我控制"。一个人必须具有控制自己情绪与行为的能力。自我控制是最难的，却是最必要的，如果不能征服自己，就会被别人征服。生意人要控制市场，首先要控制住自己。

比如，要学会有效地控制自己的情感，约束自己的言行，无论受到什么刺激，都能保持沉着、冷静，而不冲动，在必要时能节制自己的欲望。

2. 切忌"锋芒毕露"。在现实社会中，人际关系占着举足轻重的地位，狂人是很容易得罪人的，而一旦遭到小人的打击，那结果将会是想象不到的惨！心情不好、同行排挤不说，单是一些闲言碎语就能"杀死"一个人，甚至一个企业！

3. 懂得力避他人的锋芒与猜忌。一个人不管从商还是做人，志向和目标是万万不可少的。立志是敲开事业之门的金砖，志向是点燃指路明灯的火炬。志不立，终将一事无成；不立志，无法主宰自己的人生。

但有志向一定要深深地藏在心里，因为有的时候你的志向在别人看来却是野心，是威胁。如果有些事情做得太露骨，势必引起他人的误会。所以，你一定要向大家证明，你是一个有志向但是绝对没有野心的人，即便你有了钱，也是为社会而赚钱，为社会而服务。只有这样，才能够给人、给社会一个美好的印象，也才能够实现你心中真正的理想。

良贾深藏若虚表现的是度量，也是一种智慧，它是生意人成就事业的一项极为重要的"资本"。甚至有人说：人的脸皮有多厚，度量就有多大，成就就有多大。良贾深藏若虚，这是经商的至理名言！

> ⊙**常人与富人的思维精要**
>
> 常人想：要让别人重视自己就要做大场面，没钱也要撑面子。
>
> 富人想：别人怎样风光我不眼馋，我只专心挣钱。

第12章
财富是对用心的补偿，而未必是对勤奋的奖赏

　　人世间任何臻于圆满的艺术，都容不得偷工减料。即使很小的事情，你不用心，就做不好它。在这个世界上，有很多人有许多优点，他们受过良好的教育，头脑也很聪明，知识面也很广，但是很难发财，问题的关键就是他们普遍存在一个共同的缺点，那就是做事只要凑合就行了。因为他们在工作时没有追求卓越，而是过多去想自己的收益和盈利。客户不是傻子，财富是对用心的补偿，而不是对勤奋的奖赏。套路多的地方，用心才是最大的底牌。

世界步入了"知本"阶段

在经过简单的知识贸易阶段之后，世界上一些先知先觉者已步入了知识资本阶段，成为社会的新贵——我们把这批人称为"知本家"。

所谓"知本家"，用一个公式来表示就是，知本家＝知识＋技术＋创新＋市场。资本家是为了追逐个人利益无意中推动了时代发展，而"知本家"则走在时代前面，有意识地把我们指引到信息文明社会。

企业家要成为"知本家"，必须具备四个条件：

1. 靠知识和智慧赚钱。
2. 能将知识转化为技术和生产力。
3. 有能力进行技术创新、产品创新、管理创新。
4. 把知识变为产品，变为产业，变为市场。

正因如此，一个人的收益中，来源于资本资产的比重在逐渐下降，来源于知识资产的比重在不断提高。

高晓蕾33岁时便拥有两套价值300万元以上的房子。高晓蕾能够获得巨额收益，并不是偶然的事，对她来说，从书中获得的房地产知识和法律知识，培养了她赚钱的眼光。也正是这些日夜学习的知识，使得她能准确分析出城市建设的规划，测算出相关诉讼的结果，并预测出相应土地的潜在价值。光是她看过的书籍，就堆满整整一面墙。

行走中东、靠做玉器贸易积累了500万元资产的张拥军也是一位读书狂。从贸易与关税的各种专业书籍到行业报道，再到中东的各种文学，他都仔细研究过。张拥军通过阅读行业新闻，了解到该行业的发展前景与发展趋势，灵活地应对随时都变化着的行业环境，为挣更多的钱打下了基础。

第12章 财富是对用心的补偿，而未必是对勤奋的奖赏

40多岁的李新立是一位资深的会计师，同时经营着服装卖场。服装卖场每年能为他带来40万元的收益。李新立说："凡是与服饰和时尚相关的电子杂志，不管三七二十一，我全都不放过。在时尚界，我算不上专家。因此，我要比别人多花10倍乃至20倍的精力不断学习。"

不排除有少年得志的人，但一般来说，除非有特殊的背景或才能，财富的积累总是和年龄成正比的，绝大部分超级富翁，走过了一段漫长的道路，在人生的后半段，才修成正果。

我们说，任何质的飞跃都有赖于量的积累，钢铁不是一天炼成的。

所谓积累，就是无数的前空翻、后空翻、侧空翻，180度、360度、720度，无数次的重来，重来，再重来，终于可以在空中做出一个完整的高难度动作。运动员的每一块肌肉、每一个动作，都是在无数次这样的重复中打磨出来的，这就叫积累。

积累就是精雕细刻，就是千锤百炼！没有当过运动员的人，对世界冠军和业余选手的差别，并不是很容易理解，就像没有做过生意的人，对财富的积累缺乏认识一样。

世界上有很多天才，他们都有灵感闪现的时候，但成为大师的并不多。就因为缺少量的积累，偶尔的闪光也就倏忽而逝了。

如果我们把做生意看成一种职业，生意人的眼光和能力，也就像运动员的技能一样，也是在天长日久的训练中打磨出来的，也必须经过很多事，走过很多路，才有了经验的积累，才有了令人信赖的能力。

所以，任何事情，只要你好好地去做了，做的过程就是积累和提高的过程，只要你好好地做，不管赚多赚少，你都是赢家，你都在向财富靠近。

> ⊙ **常人与富人的思维精要**
>
> 常人想：追求一夜暴富，挣大钱，做大事业。
>
> 富人想：长城不是一天建成的，一块砖一块砖的积累，你才能有大的成就。

能当老板，能睡地板

外人只看到老板们一掷千金，往往看不到他们大多"能睡洋房也能睡地板"，隐藏在背后的是他们艰苦创业百折不挠的精神。

许多人创业时都是贫穷的，有些人甚至在年幼的时候就经受了常人难以想象的挫折和困难。"穷则思变"，因为贫穷，他们比别人更想致富。因此，在创业过程中，他们能够承受常人难以承受的艰难挫折。就是凭着早年在挫折困难中的磨炼，这些草根商人都具有坚忍不拔的精神，就像小草一样，无论把它放在哪里，它都能生长。

有一个商人，成功之前，几乎尝尽了生活的辛酸。在火车硬座底下睡过，在码头露宿过，不慎被人骗去钱财后，在砖窑里栖息过……

他出身于农民，当上老板后也从不避讳自己的身份，相反，他认为这是一种非常好的锻炼。因为从小种过地吃过苦，所以比别的老板更能吃苦。他自己举过这样一个例子："我在试制卫星天线时，室外气温有40多摄氏度，有员工讲，老板你要不要出去？我说没关系，我觉得我现在比种地好多了。我一直有这样的心态，所以我做什么都不觉得苦。"

事实上，身体上的苦并不算什么，许多富豪在刚开始的时候甚至被人看不起，被人侮辱，这种心灵上的苦对于一般人来说，是难以忍受的，但是，他们却能够默默地忍受。在他们心里，为了自己心中的事业，他们可以忍受别人无法忍受的苦。

记得一位哲人说过："世界上能登上金字塔的生物只有两种：一种是鹰，一种是蜗牛。不管是天资奇佳的鹰，还是资质平庸的蜗牛，能登上塔尖，极目四望，俯视万里，都离不开两个字——吃苦。"

辛勤的汗水换来的是今天的成功，白手起家创业，需要的是忍耐、坚毅、果敢和聪慧。被创造财富的激情所驱动，他们会义无反顾、矢志不渝，最终走向成功。

可能有些自作聪明者认为，吃苦不过是那些不动脑筋的人的笨行为，有脑子的人不需要埋头苦干。往往持这些观点的"灵光"人士都是些眼高手低之辈。到头来只会聪明反被聪明误。

> ⊙常人与富人的思维精要
> 常人想：看人家有钱人多好，开洋车，住洋房，花钱那叫个痛快。我要有了钱，就盖个好房子，老婆、孩子、热炕头，天天待在家里享受。
> 富人想：人前要显贵，背地能受罪。人要想获得持久的成功，在每一个阶段都很艰难，只是艰难的程度不一样而已。

计算你的收入前先计算你付出了多少

人生的道路，是一步一个脚印走出来的。事情不管是伟大，还是渺小，唯有辛勤耕耘，才有成功的收获。

有人说，我很勤奋、很努力，怎么没有成功？这里你要知道，努力了、付出了不一定成功，但不努力、不付出就一定不成功。

凡是应该做的事，就值得去做；值得做的事，就值得去做好。一件件事都做得很好，那你就一定有相当的成就。有一句话说得很风趣："成功的殿堂是没有电梯可以直达的，你必须踏着楼梯，一步一步地攀登上去。"这犹如一个个踏实的脚步，可以使你登上巍巍的高峰。

成功的人永远比一般人付出的更多、更彻底。

美国一位年轻的铁路邮递员和其他邮递员一样，用陈旧的方法分发着信件。大部分的信件是凭这些邮递员不太准确的记忆拣选后发送的。因此，许多信件往往会因为记忆出现差错而耽误几天甚至几个星期。于是，这位年轻的邮递员开始寻找新办法。他创建了一种把寄往某一地点的信件统一汇集起来的制度。正是这件看起来很简单的事，成了他一生中意义最为深远的事情。他的图表和计划吸引了上司的注意。很快，他获得了升迁的机会。5年以后，他成了铁路邮政总局的副局长，不久又升为局长，从此踏上了美国电话电报公司总经理的路途。他的名字叫西奥多·韦尔。

做出一些出人意料的成绩来，尤其留神一些额外的责任，关注一些本职工作之外的事，愿意无偿地付出自己的智慧和体力——这就是韦尔获得成功的原因。

在人生的赛场上，如果你想得到什么，必须先有所付出。遗憾的是，许多人在生活的火炉前只知道说："火炉啊，给我一些热量吧，我会给你增加木柴的。"

你为什么不先加点木柴呢？

很多时候，秘书找到老板说："给我加薪，我会更努力地工作，更加恪尽职守。"而业务员找到老板说："让我做销售部经理吧，我会让你看到我真正的能力。"

那你为什么不先努力工作，多付出一些，让别人先看到你的成绩呢？

假设你通过努力使自己成为某个公司或者某个行业的技术权威，那么，你的收入必定会提高很多；如果你付出的劳动能为公司创造很多价值，你的收入肯定会高出普通人很多。

说到底，在当今的社会中，你挣钱的多少是根据付出的劳动或服务所创造的价值来衡量的。

如果你想获得与一般人不一样的财富，你就应当付出与一般人不一样的努力，创造出与一般人不一样的价值。

如果你现在还没达到你的财富目标，不要埋怨老板，不要埋怨你的公司，不要埋怨你的收入太少，先诚心地问自己，你做事的努力程度是一般人的几倍？你为你的公司带来了多少价值？

> ⊙ **常人与富人的思维精要**
>
> 常人想：给我加薪，我会更努力地工作，更加恪尽职守。
>
> 富人想：不论你从事什么职业，都有同样的机会创造奇迹。问题是你到底付出了多大的努力来做好你的工作。想得到多少，请先付出多少。

如果不事先计划好，失败便是被计划好的

做任何事情，没有计划不行。

有一位朋友，准备买房子结婚，跑了3个多月最后在朝阳区买了一套房。一年后又后悔了，原因是后建成的地铁站离他家较远，而他当初看房时，有一栋房子就在地铁站旁边，而且价格一样。

北京地铁站的建设，在城市规划部门有公开的资料可以拿到。只要花2个小时就几乎能把今后5年的城市规划建设搞得一清二楚。而这位朋友跑了3个多月，却没想到去看一看城市规划图。只是随意打听身边的朋友，东一句，西一句。他从一开始就没有制订出一份完整计划来买房，所以他的后悔也就不奇怪了。

生活中有两种人：一种人是整天忙忙碌碌，一天到晚"满头汗"地做事，他们忙得没时间洗脸，没时间把头发梳理整齐，而且日子也过得紧巴巴的。

另一种人也是忙碌，但办事很有章法，有节奏。你能看到他衣着整齐干净，有时间喝茶，且日子过得很富足。

二者的区别在于做事之前有没有很好的计划。

做计划的要点是从现实出发，充分利用现有的各种资源，包括技能、人脉关系、知识、经验、资金等。

举例说：你看到有人新开一家炸鸡店，在没有好好计划之前，你也急急忙忙开了炸鸡店，租房、装修、请人等，你花了很多钱，但半年后，满城都

是炸鸡店，没办法只好关门。忙了半年多，白折腾一番。

在制订计划时要有一套整体方案。有长、短期的目标规划。使大目标与小目标有序地推进。

假设你想创业，你的三年规划是在第三年年底开出自己的咖啡店（也可能是小餐馆、服装店、鞋店、电脑维修店或水果店）。

你的规划是：

第一步：开始行动，先找一个在咖啡店工作的机会（两个月完成）。

第二步：努力工作，每天多工作一小时而不要工资，同时积攒每一分钱准备开店。

第三步：学好咖啡制作和店铺经营的知识、技巧（在百忙之中也要研究相关的资料，在2025年1月1日前完成）。

第四步：准备好启动资金5万元（在2026年6月1日）。

第五步：咖啡店开张（在2026年12月20日）。

在实现这个计划的过程中，有人可能会劝说你开咖啡店太辛苦，说你傻瓜。有人会劝你拿出钱去买彩票或股票等。如果你在这些事上不能把握住你自己，去做了与你的大目标不一致的事，那么三年后，你肯定还是原来的你，一事无成。你可能还是在说自己运气不好，其实是你自己没有把握好。

凡事要有计划，这些计划还要写在纸上，不要只是在脑子里想。要从现实出发，利用现有的资源、技能来策划和计划每件事。现有的资源包括你的体力、技术、特长、人际关系、过去的经验、在学校里学过的知识，以及你所处的环境，如乡村还是城市，是小县城还是大都市等。人生的成功不一定要处处跟在别人后边走。你若在大都市，可能做销售、做小生意起步，便比较快，但若在乡村，而家里有老人需要照顾不便去远方，那么搞好养殖、种植也会很快致富。当然，在做养殖、种植时，你也要先考虑当地的气候、土质，以及你的产品的销路、价格等因素来策划。

但是，光有计划还不够，如果将"计划"停留在设想阶段，而不按计划实施，即使有好的计划，也跟没有计划一样。

不能做个只止于打算的人，你要全心全意去实践你的主意。全力以赴，你就会看到一切事情都会进行得很好。

有一个故事，说的是一个穷人，老婆有一天买回来一个鸡蛋，穷人说，如果用这个鸡蛋孵出一只鸡，鸡再生蛋，蛋再生鸡；再用一群鸡去换一只羊，大羊生小羊；羊再换牛，大牛生小牛；卖了牛买田盖房，再娶一个小老婆……听得入神的老婆勃然大怒，操起鸡蛋往地下一摔，穷人的美梦顿时破碎。

穷人总是从做小生意开始，要把小生意变成大生意，就像把一个鸡蛋变成一群牛，中间有太多的因素、太多的环节，如果你没有把整个过程走完，你就没有摸到财富的脾气，你就成不了真正的富人，就算突然发一笔横财，你也消受不了。

很多人想变成富人，他不是不知道该怎么做，而是不敢真的那么做。总是有太多顾虑，面对未来的许多不确定因素，他不去想一万，总去想万一，越想越怕，结果无数的可能性就在这种犹豫和等待中化为乌有。

所以，想赚钱就要认真赚钱，把赚钱当成职业，以专业的精神去做，而不是几个哥儿们喝醉了酒，随便说说而已。

富人赚钱，是一步一个脚印的。

> ⊙ **常人与富人的思维精要**
>
> 常人想：走一步算一步，脚踩西瓜皮，滑到哪算哪。运气好的话，说不定就成功了。
>
> 富人想：有计划就可以少走弯路，遇到意料之外的情况也会安然处之，不会惊慌。

"做事"还是"做事业"

事业和事情，差之毫厘，失之千里，两者在时间、空间和性质上都不相同。

做事是暂时和短期的，是就事论事，或凭兴趣，或只是为赚钱；而事业则是"人们所从事的，具有一定目标、规模和系统的对社会发展有影响的经常活动"。前者会是一个盆景，后者却可能长成参天大树。

比如，有人给你一笔钱，让你去开一个干杂店，你做还是不做？

从做事情的角度考虑，开干杂店用不着风吹日晒雨淋，除了进货，大部分时间是坐着，可以闲聊，可以看书，可以刷刷抖音，不可谓不轻松。钱呢，也有得赚，一瓶酱油进价4元，卖价6元，零七八碎的一个月下来，衣食至少无忧。你干嘛不做？

换一个角度想，开了干杂店，你就开不成百货店、饮食店、书店、鞋店、时装店，总之，做一件事的代价就是失去了做别的事的机会。人生几十年，如果不想在一个10平方米的干杂店内耗过，你就得想到底做哪件事更有前途。从事业的角度看，你要考虑的就不是轻松，也不是一个月的收入，而是它未来发展的潜力和空间到底有多大。

干杂店不是不可以开，而是看你以怎样的态度去开。当作一件事情，它就只是一件事情，做完就脱手。如果是一项事业，你就会设计它的未来，把每天的每一步都当作一个连续的过程。

作为事业的干杂店，它的外延是不断扩展的，它的性质也在变。如果别的店只有两种酱油，而你的店却有十种，你不仅买一赠一，还送货上门，免费鉴定，让人了解什么是化学酱油，什么是黄豆酱油，你就为你的店赋予了特色；你口碑越来越好，渐渐有人舍近求远，穿过整个街区来你的店里买酱油，你终于舍得拿出2000元去注册商标，你的店就有了品牌，有了无形资产；如果你的规模扩大，你想到增加店面，或者用连锁的方式，或者采取特许加盟，你的店又有了新概念，有了进一步运作的基础。

穷人的精力往往就是被无休止的事情耗光的，他们的眼光永远不能落到事业上。一个干杂店可以做到多大？从理论上说，无限。

任何事都是可以做的，就看你怎样去做。是把它当一件事情，还是一项事业来做。世界很大，人生很短，唯有以做事业的心态去开拓人生，才会有最丰盈的人生。

⊙常人与富人的思维精要

常人想：只要做好这件事，我就能赚一笔钱。

富人想：要把事情当作事业做，对于事业，要考虑的就不是轻松，也不是一个月的收入，而是它未来发展的潜力和空间到底有多大。我要做长久的买卖，放长线才能钓大鱼。

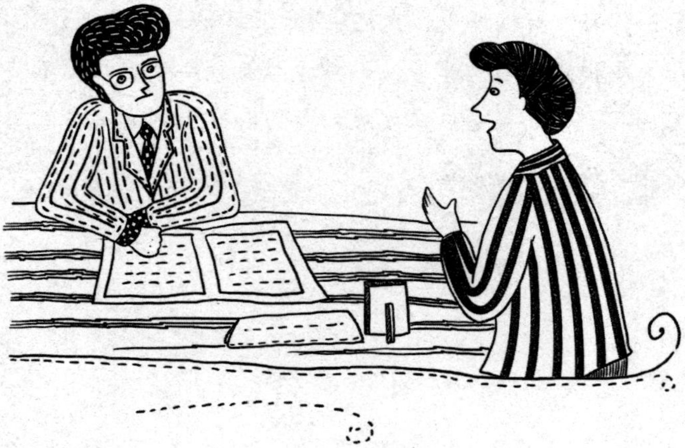

第13章
有所为有所不为,有所选择,有所放弃

商场上,不是什么行业都赚钱的,也不是什么生意都能做的。要赚钱,不能什么都不做,更不能什么都做。即便是一辆汽车,所能承载的重量也是有限的。当鱼与熊掌不能兼得的时候,我们要记得放弃;芝麻和西瓜没有足够的时间一起捡拾时,我们要记得放弃。一点也不放弃的结果,只能是被不堪承受之重压垮,到头来什么也得不到。千万不要有了点钱,就认为什么生意都可做,什么行业的钱都想赚!

选择是量力而行的睿智和远见,放弃是顾全大局的果断和胆识。

骏马行千里，耕地不如牛

"骏马行千里，耕地不如牛。坚车能载重，渡河不如舟。"每个人都有自己的强项和擅长的方面，在选择发财致富的方向上，要遵循"扬长避短"的原则。

运用"扬长避短"的原则，首先要找到自己擅长的事和自己喜欢的事。比如说，你喜欢钓鱼。你如果有办法把钓鱼当成一份工作和事业来挣钱，那是最理想的。比如你开设一个钓鱼培训班，出版有关钓鱼方面的书，研制钓鱼的工具并销出去。把你的爱好做成最专业的、有影响力的，那么你就会成功。

其次在用人的时候，你也要懂得用别人的长处，发挥他的长处。

国际管理大师汤姆·彼得斯说："完善有效的人力资源的开发，就是让合适的人在合适的位置上。"作为一个经理，应该知人善任，了解每一个下级的工作能力和特长。在安排工作时，应将合适的人放在适合他能力和特长的岗位上。

即使是再无能的下属，只要遇上一个会用人的上司，同样也能发挥他的长处，这正是一个成功创业者发挥下属所长为自己创造价值的智慧。

假如不把人的才能用到最能发挥其作用的地方去，那对人才是一个压制，对事业是一种极大的浪费。比如，将一个性格内向的人安排到公关部门，他多半会痛苦不堪，因为他不习惯那样的工作性质，既难以和同事搞好关系，也难以和消费者及同行进行沟通和交流。可以说，在现在的社会，能看出一个人有能力，还算不上是伯乐；既能够判断其有无能力，又能够恰到好处地任其所长，这才是真正的伯乐。

一个知名的企业在招聘驻某地首席代表时，面试的五个人中除一个本科生外其余都是研究生。面试结束后,这位企业老总却出人意料地宣布:那位本科生被录用了。

面对所有人的疑问,公司老总在发布会上给出了答案:"我们要选拔的是合适的管理人才,最后的这五个年轻人,无论从学识上,还是专业素质上,都非常出色。但在面试开始前,他们向我们考官递交个人简历时,只有那位拥有本科学历的先生,是用双手递给我们的,而其他人都是用单手。从这个细节上,我们不仅看出了这位先生做事的认真态度,对自己的严格要求,更看出了他的细心和对别人的尊重……"

因此公司老总觉得这位本科生最适合做管理工作,最善于与他人打交道和沟通。

古人曾写过这样一首诗:"舍长以就短,智高难为谋。生材贵适用,慎勿多苛求。"人各有所长,用人贵在择人任势,使天资和特长不同的人在不同的岗位上各得其所。

> ⊙ 常人与富人的思维精要
>
> 常人想:不考虑自己的优势和劣势,别人能干的我就能干,别人不能干的我也干不了。
>
> 富人想:人各有所长,扬长避短,潜力才能得到最大的发挥。

勇于对机会说"不"

人生路上,总会碰到十字路口,让人难以抉择,此时,做出正确的取舍,才能更好地把握自己的命运。

请听这样一个小故事:

有一位年轻的登山运动员,有幸参加了攀登珠穆朗玛峰的活动,到了海拔7800米的高度，他体力支持不住，停了下来，返回营地。当他后来给别人讲起这段经历时，人们很替他惋惜："为什么不再坚持一下呢？为什么不咬紧牙关爬到峰顶呢？"

他回答道："不，我反而感觉我很满足，因为我最清楚，7800米的海拔是我登山生涯的最高点，我一点也不为此感到遗憾。"

无疑，这位年轻的登山运动员是明智的，他充分了解自己的能力，没有勉强自己，保存了体力平安地返回营地，因为他知道再往上爬或许会遭遇不测，现在的高度已经刷新了他的纪录，这也是一种成功。

我们都有这样的体会，小时候，耳边总是塞满家长、老师的嘱托和规劝：刻苦学习，力求上进，为以后能拥有令人羡慕的生活和工作而奋斗。这些目标对于学子，就是清华、北大，甚至哈佛或麻省理工学院；对于上班一族就是"领钱领到手抽筋，睡觉睡到自然醒"，工作清闲而薪金多；对于无业人士，就是自己做自己的老板。不管这些目标是否切合实际，是否能够企及，几乎所有的长辈总是在谆谆告诫我们，拥有知识，拥有财富，拥有爱，拥有……

但是，这一切往往会让我们无所适从。究竟哪些蛋糕更适合我们的胃口？哪些美丽的花朵更适合我们去欣赏或采摘？没有人告诉我们正确的道路，更没有人能替我们做出决定。当理性不在，如何得到你应该得到的、你能够得到的？什么方法是高效的、正当的？如何摆脱你应该摆脱的、你必须摆脱的？什么选择是正确的、切实可行的？对于这一切，只会指手画脚的人，谁都不了解你及你的处境，因而他们谁也给不了你救命的稻草。所以，我们仅仅学会拥有是不够的，仅仅学会拥有也是不现实的，有时候我们也必须选择放弃。

商场上，不是什么行业都能赚钱的，也不是什么生意都能做的。公司要发展，不能什么都不做，更不能什么都做。

在人生的每一个关键时刻，你必须审慎地运用你的智慧，有所选择，有所放弃，做最正确的判断，选择属于你的正确方向。别忘了随时检视自己走的道路是否产生了偏差，并适时地给予调整。

> ⊙常人与富人的思维精要
> 常人想：放弃就意味着失败，要想成功，就不能放弃。
> 富人想：放弃也是一种选择，而且必要的时候要主动选择放弃，这样才能避免更坏情况的发生。

得到了不应得到的，就会失去不该失去的

精明的商人都深谙"与人方便，与己得利"的道理。因为商业活动是互利自愿行为，利人是利己的前提，损人最终会损己。

那些取得大成就的商人认为，没有信誉就是最大的风险。如果商人依靠失信、欺诈得到了他不该得到的利益，他就会失去本来应该赢得的利益，甚至是砸掉自己的金字招牌。

"信"是高明商人最看重的商业伦理，这个信誉不是口上说的，而是靠做出来的。货真价实、诚实不欺是保持信誉的关键所在。

商人把信誉看作经营的生命线。认为信誉好就会招来生意，牌子好了客人会自动上门。所谓"金字招牌硬黄货"，有信誉的人即使破产了也可以重新来过，而失去信誉的人则一文不值。

因此，那些取得大成就的商人都恪守信用，重于然诺，甚至为顾及信誉，不惜牺牲自己的利益，放弃一些自己应该得到的利益。我国近代钱庄几乎为浙江人所独占，良好的信誉无疑是其成功的基本因素。

近代浙江人开设的钱庄以其信用卓著而闻名于世，人称"信用钱庄"。历史上宁波有"赊销码头"和"过账码头"之称。商业买卖多凭信用放账，从而大大方便了商业流通，使众多的客商都乐于与浙江商人打交道。正是由于有良好的信誉，浙江商人的钱庄拥有众多的客户而实力大增，一直称雄于

上海钱庄业乃至整个金融界。对于以诚信为核心的传统商业道德价值，许多企业家都深信不疑，并身体力行作为自己立身处世的基本准则。

近代西服业中的红帮裁缝，也始终以诚信作为立业之本，他们始终信奉"宁可拒绝十次，决不食言一次，宁可赔本道歉，也决不让一件次劣商品出门"的经商理念。

"得到了不应得到的，就会失去不该失去的"是每一个想赚钱的人必须时刻警惕的商谚。正因如此，成功的商人从古至今都保持着诚信为本的经商理念，宁肯自己吃些亏也绝不让欺诈、失信毁了自己的招牌。

⊙常人与富人的思维精要

常人想：不考虑长久，这次能多赚点就可以了。

富人想：不讲信誉虽然可以赢得战役，但一定会输了战争。

重商德的人容易成功

很多人在开创事业之初，在公司还没有取得大的成就前，喜欢印名片，并挂上一堆的头衔，但是当他成就了大事业，闯出一片天地之后，反而不印名片了。因为，这时候他的信誉就是名片，他的品德就是名片。

一位上市公司的老总说："一张印有总经理头衔的小纸片不是真正意义上的名片，真正的名片是总经理的所作所为，是他的品德，是总经理在长期经营过程中建立起来的信誉。"

作为一个想有所成就，或者一个决定公司前程和员工饭碗的老板，一定不要有狡诈之心，要以诚待人、以信处事、以义取利，要恪守以善为本、以和为贵、以德为基的原则。

广东步步高电子工业有限公司总经理段永平，从一文不名的书生到打工皇帝，再到企业家，其传奇般的经历令无数白领羡慕。但段永平在许多场合强调:"成功的经验在于:自始至终守住本分!本分体现着企业家的道德风范,有自己的原则。有些生意哪怕很赚钱,如果违背做企业的原则(比如讲诚信),那就不应也不能去做,否则内心会受到道德的拷问,客观上也会破坏自己的形象,给企业的发展造成不利的影响。"

重商德则生意兴旺,无商德则生意毁。因为一个没有商德的商人,一个没有人格魅力的企业家,是不可能受到别人尊敬的,即使一时取得一些成就,也难以长久,当然想获得大发展也就难上加难了。

正如一位商人所说:"钱丢了不要紧,千金散去还复来;一个人的道德名片要是丢了,就一定会走下坡路。"现实中的大量事实说明,很多人的失败,不是能力的失败,而是做人的失败、道德的失败。

如果一个人为了赚钱而不择手段,那么可以肯定地说,这种生意是做不长久的。无数的事例告诉我们,经营公司,做生意,好比做人,只有自身具备良好的品质,才能获得别人的尊重,才有可能在激烈的市场竞争中站稳脚跟。

比如,众所周知的"装完化工油再装食用油事件"就使企业信用受损,消费者的信心也会受到挫伤。

君子爱财,取之有道。只有这样,赚钱才能赚得痛快,赚得放心,赚得长久。

⊙常人与富人的思维精要

常人想:我可以讲商德,但是别人未必对我讲商德,先下手为强,只要挣钱就可以不择手段。

富人想:商人首先应该有商德,无德之人做不好生意。在经商过程中,商德是决定一个生意人能否成功的关键要素。

对自己能力达不到的要求如实相告

我们都知道,办企业、做生意的目的是赚钱。而如何赚?怎么样才能赚得多?赚得长久?这里面奥妙无穷,其中最关键的一条:诚实经营,对用户和顾客负责。只有这样才能创造出一种吸引顾客的强"磁场",才能赢得消费者的信赖,获得丰厚的回报。

美国道格拉斯飞机制造公司为了卖一批喷气客机给东方航空公司,创始人唐纳·道格拉斯本人专程去拜访东方航空公司的总裁艾迪·利贝克。

利贝克告诉他说,道格拉斯公司生产的新型DC-3飞机和波音707飞机是竞争对手,但它们有一个共同的毛病,那就是喷气发动机的噪声太大,并表示愿意给道格拉斯公司一个机会,如果能在降低噪声方面胜过波音公司,就可获得签订合同的希望。

当时这对道格拉斯公司来说,是一桩多么重要的买卖啊!但是,道格拉斯回去与他的工程师商量后,认真地答复说:"老实说,我们没有办法去实现您的这一要求。"

利贝克说:"我想也是这样的,我这样做的目的,只是想知道你对我是否诚实。"

由于道格拉斯的诚实打动了利贝克,赢得了他的信任,道格拉斯终于听到了一直期待的好消息:"您将获得16500万美元的合同。现在,去看看您如何将那些发动机的噪声控制到最小的限度。"

道格拉斯凭着他的诚实,获得了订单。试想,如果当时道格拉斯夸夸其谈,满口答应能将发动机的噪声降低多少分贝,那么将是一种什么样的结局呢？恐怕道格拉斯要碰一鼻子灰，空手而归。

在瞬息万变的商场上，作为一名成功的生意人，能言善辩固然可取，诚实待客更是难得。明知不可为而欺瞒顾客，骗得一时，迟早会露出尾巴。

李嘉诚说："做生意要以诚待人，不能投机取巧。一生之中，最重要的是守信。我现在就算再有多十倍的资金也不足以应付那么多的生意，而且很多是别人主动找我的，这些都是为人守信的结果。"

在这个急功近利的时代，很多人为了所谓的成功，不惜挖空心思，甚至不择手段。对此类做法，李嘉诚颇为反感，他说："我绝不同意为了成功而不择手段，如果这样，即使侥幸略有所得，也必不能长久，正如俗语所说，'刻薄成家，理无久享'。"

在李嘉诚刚开始生产塑胶花时，曾有一位外商希望大量订货。为确信李嘉诚有供货能力，外商提出必须有大的厂家作担保。李嘉诚白手起家，没有背景，他跑了几天，磨破了嘴皮子，也没人愿意为他作担保，无奈之下，李嘉诚只得对外商如实相告。他的诚实打动了对方，外商对他说："从您坦白之言中可以看出，您是一位诚实君子。诚信乃做人之道，亦是经营之本，不必用其他厂商作保了，现在我们就签合约吧。"没想到李嘉诚却拒绝了对方的好意，他对外商说："先生，能受到您如此信任，我不胜荣幸！可是，因为资金有限，我一时无法完成您这么多的订货。所以，我还是很遗憾地不能与您签约。"

李嘉诚这番实话实说使外商内心大受震动。外商决定，即使冒再大的风险，他也要与这位具有诚实品德的人合作一次。李嘉诚值得他破一回例，他对李嘉诚说："您是一位令人尊敬的可信赖之人。为此，我预付货款，以便为你扩大生产提供资金。"

与其说这是一次商业上的成功，不如说这是一次人格上的胜利。当李嘉诚的襟怀坦白令对方肃然起敬时，他在云谲波诡的生意场上每每能吉星高照也就不难理解了。

外商的鼎力相助，使得李嘉诚既扩大了生产规模，又拓宽了销路，李嘉诚从此成为香港塑胶花大王。通过这件事，李嘉诚悟出了一个道理：坦诚乃生命所系，也是生意场上必须坚持的金科玉律。

犹太人有一句商谚：失去诚信，钱袋子就立不住；缺少谋算，钱箱子就永远装不满。人无论做什么事情，都是需要"本钱"的，对于做生意而言，同样如此。

> ⊙**常人与富人的思维精要**
>
> 常人想：为了生意，自己不能做到的也要先答应下来，拿到订单再说。
>
> 富人想：为客户着想，对自己能力达不到的要求如实相告。

嘴硬不如货硬

在市场竞争中，价格浮动对生产和消费起着直接而又明显的调节作用。如果没有物美这个前提，价廉是没有生命力的。只有当性能相同、质量相等时，价格低的商品才会在竞争中略胜一筹。

我们知道，商品的质量总是与商品中的物化劳动成正比的，而高价格又是由物化劳动所决定的。所以，一般来讲，质量好的商品所花的人工、物力相对多一些，因而价格更贵些，所谓"好货不便宜，便宜无好货"，就是这个道理。当然，通过大力提高劳动生产率，降低生产成本而实现产品的薄利多销，那又是另当别论。

货真价实、诚信无欺更是中华传统商德的核心。早在周代就有不合规格标准的商品"不鬻于市"的文字记载。传到现在，被许多有远见卓识的商人继承和发展。如统一集团的创始人高清愿，他所经营的"统一企业"坚持的信条是"三好一公道"。三好是"质量好、服务好、信用好"，一公道是"价格公道"。这便是"货真价实"传统的新体现。

"货真价实"是商业良心的表现。有道德的商人都恪守这样一条原则：价格的高低必须同货物的优劣成正比。即货高价高，货低价低。顾客出高价，就得让顾客买到高级商品。反之则为欺诈，便是昧了良心。这也就是商界常讲的"一文钱一文货"的道理。

很多人对大名鼎鼎的奔驰公司都很熟悉，一个多世纪以来，汽车行业发生了巨大的变化。在竞争中，许多公司受到严重冲击，有的破产倒闭，有的步履维艰，困难重重，无法生存和发展，而奔驰汽车始终兴旺发达，成为世界汽车行业中的佼佼者。

他们之所以能够在世界汽车行业百年不衰，靠的就是坚持不懈的追求与积累的结果。2023年，尽管公司的汽车产量只居世界汽车厂家的第3位，利润却排在第1位，真正是以质优取胜的典范。奔驰公司的汽车产品在世界人的心目中形成了一个"优质"的象征。

奔驰公司把质量视为生命，并作为首要目标。他们的一位新闻发言人说："我们的方针就是要追求高质量。"整个生产过程，从产品构想、设计、研制、试验、生产，直至推销、维修，质量第一贯彻始终。为了保证质量，公司组建一支技术熟练的工人队伍，并建立严格的产品和零部件检查制度。公司曾登一则广告，内容是："如果有人发现奔驰牌汽车发生故障，被修理车拖走，我们将赠送您一万美元。"这则广告说明了公司对产品质量的高度重视和信心。为了检验新产品的质量和性能，公司设置了一套计算机控制设备，另外还建造了占地8.4公顷的实验场。

奔驰车靠什么实现高质量？奔驰汽车公司的一位负责人称，实现高质量有两个基础：一是有一支技术熟练的工人队伍；二是对产品和零部件有严格的质量检查制度。他们注重培训职工，在国内就设有500多个培训中心。受基本职业训练的年轻人经常保持在6000人左右，每年平均有3万人参加再培训学习，通过培训不断提高职工的专业技术水平。

为了保证产品质量，这家公司的检查制度非常严格。如厂外提供的零部件，一箱里有一个不合格，就把这箱零部件全部退回。该厂生产的引擎要经过42道关卡检验，连油漆稍有划痕，都必须返工。由于奔驰公司采取了切实的措施，使奔驰汽车在人们心目中树立起高质量的形象。

人有好坏，货有优劣，懂得经营的商家会像对待自己的生命一样对待所经营的商品。由此来赢得口碑，使其产品受到青睐，并让人们对其放心。

> ⊙常人与富人的思维精要
>
> 常人想：顾客未必真懂行，仿品可以当作真品卖，质量不好的东西也能卖高价。
>
> 富人想：货真价实，不欺客，否则，别人上了一回当就不会有下次了。

大智若愚，"傻"一点没关系

普林斯顿大学教授布莱斯勒说过："尽管同样聪明过人，为什么有的人能发挥重要影响力，有的人却不行？因为前者都是刺猬型的人。"刺猬看上去傻乎乎的，狐狸看起来远比刺猬要聪明得多，但把它们放在一起，狐狸却往往无法占到刺猬的便宜。

这正如喝酒，真醉和装醉是完全不同的两种情况，愚者和装愚者是截然不同的两种人。玩"醉拳"的，是"形醉而神不醉"，"醉"是"醉"在"虚"处，是迷惑对手，而"拳"却击在"实"处，招招致命。装愚的，是"外愚而内不愚"，"愚"是"愚"在皮毛小事，无关大局，而"精"却"精"在节骨眼上，事关一生命运。

所以，绝顶聪明的商人不喜欢摆弄自己的聪明，以免让别人窥见自己的真实意图；相反，他们更多的时候是卖傻装憨，揣着明白装糊涂，不让别人看透内心。表面上"憨"，其实往往是最大的赢家！

◀ 第13章　有所为有所不为，有所选择，有所放弃

《商界》上有一篇报道，说曾经有个打工仔，他要在深圳推销一种高级上光清洁剂。当时同类品牌产品已经在深圳"安营扎寨"，和他们抢地盘，自然很难。可这位貌不惊人的打工仔，竟然在深圳市场"攻城略地"，如鱼得水，一年后竟成了千万富翁。

他是怎样成功的呢？他是从"当一回傻子"开始的。

一天，他对深圳一家名气很大的星级宾馆的老总说，他可以免费为整个宾馆做一次保洁。老总像看傻子一样望了他半晌，在听完他的产品介绍后，才决定把准备接待大型会议的60个房间和一个会议室交给他打扫，并规定2天内必须完成。

结果，在一天半时间里，这位打工仔用20盒上光清洁剂，将那些客房和会议室打扫得焕然一新，并散发出淡淡的清香。

会后第三天，老总对这位打工仔说："年轻人，你帮我赢得了下一项接待业务，更为我们宾馆树立了良好的服务形象，这2000元算作清洁费，剩下的货我们全包了！"说着，老总又掏出了几张名片："这些是向我取经的同行，我已经把你推荐给了他们。"

就这样，这位年轻的打工仔轻而易举地敲开了深圳市场的大门，走进了人生中"春天的童话"。

古人云：欲取之，先予之。表面上你"憨"，其实最大的赢家还是你！

不少人看到一个商人若是"实在"，就会暗笑其呆头呆脑，不知变通。老实厚道，这个人不是傻子就是疯子。事实上，多少活生生的案例告诫我们，聪明反被聪明误。一个实在厚道的商人在经营中才会走得稳、走得远，并且在别人困难的时候不会去踩别人，而是会帮别人一把，别人自然会记在心上的。这样你真正的朋友也就会越来越多。当你有困难时，总会多一条路给你走。当你蒸蒸日上时，别人也不会妒忌你，而是希望你过得更好。

⊙常人与富人的思维精要

常人想：生意场上绝不能犯"傻"，吃亏的事绝对不能做。

富人想：有智慧的人肯吃亏，有勇气的人敢吃亏。当我自愿显得有点"傻"时，别人既喜欢和我在一起衬托出自己的聪明，又不用担心我有深藏的企图。我所赢得的机会一定会多。

第14章
风险意识任何时候都不能丢

赚钱是一件充满风险的事,事事如意、样样顺心的情况是罕见的。事实上,逆境多于顺境,失败、挫折、打击和危机,常常伴随着你的成长。但利用得好,风险也是机遇。

一位成功的商人说:"生意很顺的时候,他一定是铁青着脸的,因为大家都开心,也就有危机存在,而大家都很痛苦的时候,机会往往就来了。"危机能把一个人击倒,当你把它看作一个机会的时候,它又能使倒下的人站起来。

事后控制不如事前控制

迈克尔·戴尔说:"我有的时候半夜会醒,一想起事情就害怕,考虑哪些事情还有隐患。但如果不这样的话,我很快就会被别人干掉。"

管理学家说:"事后控制不如事中控制,事中控制不如事前控制。"可惜大多数人未能体会到这一点,等到错误的决策造成了重大的损失才想办法弥补。即使请来了名气很大的"空降兵",但不是每个人都有扁鹊的医术,结果往往于事无补。所以,生意人要有事前控制的眼力和能力,从而未雨绸缪力避可能出现的危机。

摩托罗拉是做收音机起家的,它的创始人高尔文有着超常的创新能力,同时保持着敏锐的防患于未然的预感力,使企业在相当长的一段时期度过了一个又一个的危机,一度成为全球手机一霸。

1937年年底,美国经济发生了大滑坡,而此前,即使是销售旺季,一些其他型号的收音机也开始纷纷降价出售。

经验使高尔文有一种预感,这种预感有时十分强烈。1932年,高尔文凭着一些经济滑坡征兆,在银行倒闭的前一周,取走了公司的现金。这笔不大不小的现金保证了公司的正常运转,从而安然度过了那场危机。后来,他又一次预感到可能要发生什么事,需要及时采取行动来"躲灾避祸"。

高尔文审时度势,立即下定决心,全力削减他的存货。他分别打电话给经销商,约请他们三五成群地到他的办公室召开一系列会议。会上,他对经销商提出了要求:"现在,赶快努力出售你们的存货!"

许多经销商开始时并不相信高尔文的预感。但高尔文不容置疑地对他们说:"大风暴即将到来,现在适时地削价,会使我们从现在起的60天到90天的大清算中得救。"

大多数经销商虽然半信半疑，但还是按照高尔文的吩咐去做了，这使摩托罗拉在1937年的销售额达到了700万美元。

事实很快证明了高尔文超人的预见力。第二年，全美的收音机行业陷入了危机，许多企业几乎是一夜间倒闭，摩托罗拉的销售额也一下子锐减到450万美元，而且被迫解雇了许多雇员，剩下的人每周也只能工作3天。尽管公司遭到了这样巨大的打击，但高尔文的超常预见力和防患于未然的果断行动，使公司躲过了灭顶之灾。

事前控制不仅指风险控制，还包括成本控制、管理控制、渠道控制等，事前控制可以力避各种不确定因素可能带来的麻烦，从而把经营风险降到最低。成功的事前控制不是每个人都能做到的，它要求经营者不断收集相关信息，并从各种信息中挑选出有用的部分，然后形成判断。如果发现问题就果断行动，采取措施，这样就能减少风险，防患于未然。

> ⦿ 常人与富人的思维精要
>
> 常人想：谁能预料到未来会发生什么呢？所以，只有事情发生以后我们才知道该采取怎样的措施。
>
> 富人想：人无远虑，必有近忧。市场是瞬息万变的，要时刻准备着。对未来的事情要有先见之明，必须从长远考虑，防患于未然。

最具有诱惑力的时候要沉住气

当今的社会是一个开放的社会，开放的社会为人们提供了许多发展的机会，机会多诱惑就多，诱惑多了，心就容易乱，心乱在行为上就会忙碌失措。

股神巴菲特说："如果你没有持有一种股票十年的准备，那么连十分钟都不要持有。"说起来容易，可是有几个人能够做到？我们做不到，可能会把原因归结为股市的不成熟，在这样一个不成熟的市场上，想持股十年，不是有病？

的确，股市的行情非常复杂，在高低突变之间引起了多少人的亢奋，又搅碎了多少人的心，使其陷入深渊，血本无归，黯然神伤。

所以，股神巴菲特所说的"在别人贪婪的时候谨慎一些，在别人恐惧的时候大胆一些"很值得我们回味。无论做什么事情，要学会综合衡量，切勿因小失大。

这就需要在纷繁复杂、瞬息万变的商场中，始终保持冷静的头脑，量力而行慎重考虑，也就是能够"沉住气"。

面对唾手可得的利益时需要沉住气，冷静计算得到该利益需要付出的代价，确实有利可图的，要周密决策，谨慎行事，确保以最小的代价获得最大的利益。

局势混沌不清时，即使面前有巨大的利益，也不可草率做出决策，而要以相当的耐性稳定情绪，等待形势进一步变化，认清发展趋势，待一切明朗有把握时果断出手，这样才能避免因贪图一时之利而满盘皆输。

"二战"结束后不久，松下接手了一家濒临倒闭的缝纫机公司。起初，他觉得有办法让该公司起死回生，但由于不擅长此方面的业务，而且竞争对手林立，他自感无法抗衡，便立即退了出来。当然，已经费了一番功夫，财力、物力、人力都会有些损失，但总比继续毫无希望地硬撑下去合算。

松下还有一次更大的"撤退"。1964年，松下在大型电脑制造方面投注了十几亿日元的资金，并且已经研制了样机，达到了实用化的程度。当时，日本有包括松下的7家公司在从事大型电脑的科研开发，而市场却不那么乐观，继续下去，势必形成恶性竞争的局面。松下认为，与其恶性竞争而两败俱伤，还不如早些退出来为好，于是他毅然退出竞争。后来事实证明，松下撤退这步棋走得很正确。直到今天，家用、小型电脑长足发展了，大型电脑却比较冷清。

要做到进退有方,就必须戒贪,见到利益不能一味恋战。

"利益"两个字极其诱人。事实上,大商人提倡一种泰然自若的心态,以及收放结合的达观理念。因此,他们总是在享受金钱的快乐时,而不唯利是图。

> ⊙常人与富人的思维精要
>
> 常人想:抓住每一个机会,不放过每一个机会。所有对自己有利的、能赚钱的事情我都做。
>
> 富人想:面对多如牛毛的机会时,不要慌乱,要先瞄准最适合自己的一个,敢于对其他的机会说"NO"。

不冒进,做生意不是你想多快就能多快的

一个富翁教儿子开车,富翁说:"你看到我怎么开了吧,你不要管这车是什么牌子,值多少钱,这和开车没关系,你只要记得一样,遇到状况,就踩刹车。"

五分钟后,儿子不小心把一辆豪华的奔驰撞到了路牌上,吓得一句话不敢说,富翁也利用这个机会说了一段非常有说服力的话:"你看到了吧,不刹车就会失控,而失控是最坏的情况,因为没有人知道失控以后会发生什么,开车是这样,做生意也是这样,在不清楚周围情况的时候就要刹车,随时刹车!"随时刹车,就可以让我们知道自己在哪里,让我们知道做的事情是对还是错,可以让我们不过于情绪化进而客观地分析问题。

当小公司发展顺利,取得一些成就后,生意人这时候进取心也较强,很容易犯好大喜功、急于求成的冒进错误。正是由于公司的规模较小,通常都

急切地盼望进入大型公司的行列。

但是，我们不得不提醒的是，过于雄心勃勃的发展计划往往使公司在财务上陷入困难的境地，这是很多公司破产的最常见的原因之一。很多公司的经营者在获得成功之前，都有过一段艰苦创业的历史，它们在困难面前能够保持乐观情绪和坚定信心。但是在公司进入发展阶段后，其中一些人往往头脑发热、忘乎所以，以致主观决策，盲目求快求大，使公司受到重大经济损失。

艾某是一家经营得十分出色的机电设备制造公司的总经理。一次，他的一位债权人怂恿他将公司上市，筹集资金兼并另外两家工厂，并建议他将这三家公司组成"艾氏实业集团"。不幸的是，艾某本人及他的管理班子都一时兴奋头脑发热，采纳了意见，却并没有对经营新公司做好充分准备，也没有掌握新收购公司的专业技术和管理经验，结果，这两家公司都陷入困境，最后停业清理。

还有些公司获得成功的原因纯粹是机遇创造了条件。例如，当时的市场条件有利，或者竞争对手不多。这时，有的经营者和他的管理班子成员往往错误地将成就归功于自己的能力，而且还毫无根据地得出可以把任何规模的公司办好的结论。在这种假说下，他们一心想把公司做大，这样，当然要冒极大的风险。

为防范这样的经营风险，应做到：

1. 对公司实力和经营者的能力及外部市场环境做出正确的、科学的判断，获取能否做大的主客观方面的结论。

2. 切忌急功近利，被眼前利益牵着鼻子走，注意积蓄力量，做好扩张或高速发展的准备。

3. 在扩张之前，必须仔细规划总的方针和策略。

4. 要充分注意计划的实施、专有技术及其他方面的细节。

> ⊙常人与富人的思维精要
> 常人想：发展到一定规模，就应该继续扩张，做大做强。
> 富人想：发展到一定规模，更需要谨慎地预估和判断，必要时，要随时准备停下来。

在没有机会的地方会创造机会，在有机会的地方能抓住机会

不少富豪很小就走出家门来到全国各地，在别人还没有市场意识的时候，他们就已经在各地的市场上奋力打拼了。而当其他人开始参与市场时，他们早已积累了一定的资本和充足的市场经验。他们努力抓住每一个发展机遇，往往能从"没有市场"处创造出市场，从鲜为人知的经济夹缝中杀出一条生路。

从"没有市场"处找到市场，在有机会的地方能抓住机会是很多人发财致富、掘到第一桶金的重要方式。

2023年的一个中午，商人罗先生和一大帮朋友一起吃饭。当时，罗先生随便问一位在电力系统工作的朋友下一步有什么动作。那位朋友说，南方某省特高压电网马上要开始改造。

说者无心，听者有意。正是这句不经意的话，让罗先生获得了商机。

罗先生心想：改造特高压电网，必定离不开电线、电缆之类的产品。这可是一块大"肥肉"呀！

于是，罗先生赶紧赶到浙江老家，找到一家中外合资的电缆厂，签到了该厂特高压产品的南方某省独家代理权。当时，许多人还没有意识到这个商机呢。因此，罗先生的谈判不费一点周折。

当电网改造的消息正式传开的时候，罗先生手上的优质产品已被电网公司认可，其他人再想去浙江进货的时候，独家代理权已经被罗先生签走了。

在南方某省特高压电网改造的两年中，罗先生的销售额达两三亿元。

成功的商人总是善于洞察市场的变化，研究市场发展的规律，准确地把握目标和发展方向，从而引领市场潮流，并占据市场制高点，使自己在市场上立于不败之地。

⊙常人与富人的思维精要

常人想：赚钱的领域都让别人占领了，这里不会有机会了，努力也没有用。

富人想：积极并善于寻找和发现市场空隙，然后见缝插针，这样才能先于别人开拓市场，赢得财富。

第15章
了解富豪的人生，感知富豪的睿智

　　人之所以成为富人，是有秘密可言的，而这些秘密，如果富人不说，常人也没法懂。因为，对于赚钱这个问题，在很长一段之间内，都是个备受争议的话题。历史上重农轻商的理念已经给了我们惨重的教训。好在时代给了每个有理想的普通人实现财富目标的舞台，从穷小子到亿万富豪的故事感动、激励着千万人。

　　那么，赚钱到底靠什么？怎样才能赚到能实现财务自由的财富？怎样把握人生的少数机会？听听亿万富豪们怎么说。

埃隆·马斯克：若我不这么投入，才是最大的冒险

一个公司成功有很多因素，有一个好的产品绝对是一个很重要的因素。

马斯克创办和经营美国太空探索技术公司（SpaceX）、特斯拉（TESLA）、太阳城公司（SolarCity）、推特（twitter）等一系列科技公司，在火箭、电动汽车、人工智能、新能源，甚至生物科技等前沿科技商业化上，都是重要的推动者。这些成就背后，是马斯克作为世界上最伟大"产品经理"这一特质。

马斯克说："我们并没有任何广告，也没有任何明星代言费，我们也不打折，如果一位名人来买我们的车是因为他喜欢这辆车，并不是我们给他打折。实际上我不喜欢营销这个概念，我觉得营销是很奇怪的概念，我不喜欢。我觉得营销好像就是要骗人买东西一样。"

马斯克认为，企业的成功大部分情况下是一群优秀的人会聚到一起做成了一个伟大的产品。不论这群人多么有才，他们必须齐心协力专注在一个正确的产品方向上，才能造就巨大的成功。

在火箭项目、特斯拉汽车，包括一些具体部件的制造上，马斯克总会先提出一个"看似不可能完成"的任务，通过使用首席执行官的权力，逼迫团队去实现目标。

移民火星也好、自动驾驶也好、机器人也好，马斯克的很多目标客观地说都遥不可及，"异想天开"或许也是一种"吸引"公众关注他所做事业的策略。但是马斯克的产品真实地改变了世界。

打造好产品就要全心投入。马斯克说："若我不这么投入，才是最大的冒险，因为成功的希望为零。"

马斯克认为，任何事物的变化都是从量变开始的，量变是质变的必要准备，只有当量的积累达到一定程度时，才会引起质变。但量变不会永远维持下去，当量的积累达到一定程度时，就必然会引起质变，变为另一种性质的事物。

这就好比谈恋爱：通过初步了解，姑娘能感受小伙子是一个什么样的人、什么样的素质，通过他的言谈举止和表现感受这个人的内在，但这还不能够让姑娘放心。今天他这样，那明天呢？所以，姑娘要利用很多机会考验对方。次数多了，没有问题了，姑娘才会定下来。

对于产品也是同样，我们不能通过一个名字去感知，要通过方方面面感受这个产品。对产品好的感受多了，顾客自然而然也就接受了。

百年老店为什么能够生存百年，关键是能够提供始终如一的质量和服务。这种让顾客放心的质量和服务反过来让百年老店成为一种信得过的品牌。所以人们往往愿意花大价钱买名牌。买名牌并不完全是顾客的虚荣心在作祟，更大程度上往往意味着信任、质量和服务。质量和牌子是呼与吸的关系。吸是质量，呼是牌子。一时的广告轰炸可以短时间内创出牌子，但要让牌子维持得长久，质量是最基本的保证。

> ⊙ 常人与富人的思维精要
>
> 常人想：产品差不多就得了，关键是能卖出去。
>
> 富人想：100件事情，如果99件事情做好了，1件事情没有做好，而这1件事情就有可能对某一单位、某一公司、某项事业产生百分之百的影响。

比尔·盖茨：不要放弃你的好奇心，尽量去思考世界

比尔·盖茨是一个电脑神童，13 岁开始编程，20 岁开始领导微软；他是一个商业奇才，孩子般的微笑背后隐藏着难以捉摸的独到眼光，他的经营智慧让微软名噪天下。他的财富更是一个不折不扣的神话，31 岁成为有史以来最年轻的亿万富翁，39 岁成为世界首富。苹果创始人史蒂夫·乔布斯在接受采访时曾经表示："我认为比尔·盖茨是有史以来最具成就的人之一。"

微软之所以能够取得今天的成就，最大的成功之处就是其预见了个人电脑在今后的世界将会大行其道。那时候的计算机都是些笨重的"大家伙"，一般都是用于工业、军事等，而微软却在那个时候开发出了用于个人计算机（PC）的操作系统。随着 PC 技术的日益成熟和发展，微软也越来越赚钱。比尔·盖茨也成了世界首富，微软成为世界 500 强企业！

2020 年，比尔·盖茨宣布退休。退休后的比尔·盖茨并没有忙着颐养天年，他依然是世界上最忙碌的人之一。关注水、疾病、贫穷……他的专注、热情、努力和才智，带领微软成为当世翘楚。如今，他又用数十年如一日总结而成的思维方式和创新理念，引众人之力攻克世界性难题。

如今的比尔·盖茨近 70 岁了，依然对未来科技保持着浓厚的兴趣。2024 年 4 月，比尔·盖茨对 OpenAI 开发的 ChatGPT 等人工智能模型的复杂程度表示惊讶。盖茨强调人工智能在解决重大挑战方面的潜力，包括解决复杂的社会问题和改变医疗保健和教育等行业。然而，他也对先进人工智能的潜在缺点表示担忧，特别是在失业方面。

比尔·盖茨的成功告诉我们，如果希望自己未来 5 年能够取得大的成就，那么，现在就应该把未来 5 年的宝押对。

比尔·盖茨说："我们总是高估今后一两年内将要发生的变革，总是低估未来 10 年将要发生的变革。"

远见是通过预测未来可能出现的情况而对现实进行调整的一种思维方法，它促进我们对前景进行预测性思考，帮助我们调整现实事物的发展方向，有利于制订正确的计划、目标，实施正确决策。微软的成功说明了什么？远见！一定要有远见！

比尔·盖茨的远见不是凭空想出来的，而是基于现实的需要。比尔·盖茨说："每天早晨醒来，一想到所从事的工作和所开发的技术将会给人类生活带来巨大的影响和变化，我就会无比兴奋与激动。"

对于一个成功的商人来说，赚钱的眼光是十分重要的。比尔·盖茨无疑具备了这种最基本的素质。所以，微软公司和比尔·盖茨的财富与知名度一样节节攀升。如今微软在软件行业的龙头地位已经无人可以撼动，比尔·盖茨在世界首富这个位置上曾经一坐就是十几年。

比尔·盖茨说："在你没有成功之前，没有任何人会理解你。"你要相信你的眼光、相信你的判断，并付诸实践，坚持做下去，而不是遇到点困难就想撤退。

企业家就是企划事业的专家。企业家的本领不在单纯赚钱上，而在于企划有前途的事业，并坚定地实现其事业。

⊙常人与富人的思维精要

常人想：干体力活可以致富，起早贪黑。

富人想：思考力也是致富的支点。

沃伦·巴菲特：不要去做大多数人

沃伦·巴菲特出生于"大萧条"的 1930 年，儿童时期，他就显现出了精明的商业头脑。11 岁开始接触投资，15 岁赚到 6000 美元，84 岁时身家达到 670 亿美元。实际上，他 99% 的财富是在 50 岁生日之后赚到的。如今 90 多岁的高龄，依然活跃在投资市场上。

有人问，巴菲特赚的是谁的钱？他赚的只是上市公司分配的股息吗？显然不是。他赚的是那些缺乏长远眼光、缺乏对事物本质的把握、没有耐心，因而在股市高位买入股票、低位卖出股票的散户的钱。

市场上有一种说法叫"七赔二平一赚"，更有甚者云"九赔一赚"。这是对散户炒股最终结果的经典描述。那么，为何散户炒股会赔多赚少？这与散户缺乏长远眼光，缺乏对事物本质的把握有关。

有人说："风险越大，收益也越大。"但巴菲特说："风险越低，报酬越高。最好做没有风险的交易。"

有人说："被套惨了，这辈子不碰股票。"但巴菲特说："没有人对股票感兴趣时，才正是你应该对股票感兴趣的时候。"

巴菲特是坚定的价值投资者。他说："我们持有杰出经理人管理的优秀企业的股票时，我们最喜欢的持有期限是永远。"巴菲特躲在奥马哈的小黑屋里练了不少绝活儿，第一是选择公司，第二是利用时间打败别人。

从美国近百年的股市历史来看，真正的价值投资者和长期投资者，赚钱的概率远远大于赔钱的概率。如果按巴菲特的方法投资，赔钱的概率几乎为零。从实际经验来看，只要是具备价值投资的公司，无论利润增长快慢，总是增长的。公司的价值在增加，股票价值也在增长。同时，从资本市场本身波动看，打算长期持有的投资者，遇到牛市行情的机会很多，一般容易把握。

投资当然也有令人振奋的时候，但结果总是出人意料的不幸，这不该是我们投资的目标。对于投资，学学巴菲特，在经济周期的最低谷，找几只优质的股票，冷静购买、长期投资，最后你一定能获得丰厚的回报。

与赢家为伍，你自然就会成为赢家。

这里有必要给读者交代一下：虽然在大师门下学习几个小时的效果远远胜过我们自己过去若干年自以为是的天真摸索。然而，大师也会犯错误。

在一次演讲中，有位听众问巴菲特："说说你这一生犯过的错误好吗？"

巴菲特说："你有多少时间？"

巴菲特一生犯过很多错误，有些错误在他看来如果再活一次，他还会照犯不误。然而，有些正确的做法，如果再活一次，他还是会照做不误。

巴菲特的天赋在于他对市场规律的正确认识，要做到这一点，就有必要分析、追踪他的投资路线，掌握他投资的精髓所在，而只将他的格言铭记在心里是远远不够的，虽然他的大量格言值得背下来。

此外，在引导投资者方面，当今的投资界还有一种不好的"造神"倾向。这对偶像的推崇是十分有害的，容易让人机械地理解巴菲特的理论。当人们把自己或他人置于"神"的位置时，失败已在附近徘徊！

在这个市场上，永远是10%的人赚钱，90%的人赔钱，这是市场的铁律，不论是股市，还是开公司、办企业，都不会改变。如果人人都赚钱，那么谁赔钱，钱从何处来？但赚钱的人永远是少数，赔钱的人永远是多数！谁也没办法。但赚钱总是有办法，那就是你去做10%的人，不要去做大多数人。

> ⊙ 常人与富人的思维精要
>
> 常人想：今天买明天卖，低买高卖，抄底逃顶，我能战胜市场。
>
> 富人想："什么都不做"远好于盲动。没有人愿意慢慢变富，所以大多数人不赚钱。投资要有更大的格局、更多的耐心，以及更强的自律。

丁磊：我也是一路跌跌撞撞，边打边学走过来的

相关统计资料显示，我国初次创业的企业成功率不足 5%，要低于西方发达国家。

创业者初次创业并非易事，因为创业至少要过三道关：一是资金关，至少拥有启动企业的资金；二是关系关，要有平衡各种社会关系的能力；三是心理关，要有承受创业之艰难的能力。

但是，丁磊成功了。

丁磊，1993—1995 年就职于浙江省宁波电信局，1995—1996 年就职于 Sybase 广州公司，1996—1997 年就职于广州飞捷公司，1997 年 6 月创立网易公司，将网易从一个十几个人的私企发展到今天在美国公开上市的知名互联网技术企业。

丁磊，曾一度雄踞中国个人财富榜首位，探索了门户网站发展新模式，在网络游戏方面大有斩获。重归网络新闻阵营，渐成气候。

对微软来说，盖茨是无价之宝，对网易来说，丁磊也是如此。从创办网易到身价逾亿，丁磊用了 4 年时间；从白手起家到中国首富，丁磊用了 7 年时间；他经历了从冰点到沸点；他创造了丁磊传奇，也创造了丁磊速度。网易的发展是一个奇迹、一个神话。丁磊就是这个神话的主角。

不用多说，这些成绩说明了一切。

成功的公司大多是相似的。很多成功的公司，其领导者的家庭背景、学历层次、发迹过程各种各样，但他们都有一些共同的特点，例如节俭、合理的知识结构、冒险精神、处变不惊的心理素质、对行业发展的把握等。这些共同之处，在绝大多数成功者身上能够体现，他们构成了成功商人的必备素质。

无疑，丁磊具备这样的素质。

丁磊是朴实的，人们不仅认为他是一个成功的创业者，更是一个成功的布道者。成功的丁磊并没有忘记给后来者提醒。

丁磊曾经说："做梦都没想到我有朝一日会掌握一家赢利超过 2.5 亿元的公司，我也是一路跌跌撞撞，边打边学走过来的。我最后要送给同学们两句话，一是保持饥饿状态，二是保持求知状态，因为只有这样，你在人生的路上才能不停地进步。"

实际上，到了 2023 年，网易营收 1035 亿元，顺利迈入营收千亿元俱乐部。

"信心很重要。2001 年，我刚开始做游戏的时候，所有的媒体、所有的同行都说我疯了。那时候的报纸我还留着，都是一片责骂声。员工也不相信。但我有信心。结果呢，当时说我们坏话的人，他们现在都眼馋我们了。所以我送一句话给大家：'有信心不一定会成功，但没有信心一定不会成功。'"

"企业最后是被谁打死的，是自己把自己打死的。"

这些话，都是他从内心发出来的，都是他这么多年创业经验的总结。

> ⊙ **常人与富人的思维精要**
>
> 常人想：市场环境太差了，很多问题没法解决，干不下去了。
>
> 富人想：中国的公司，成长过程十分艰难，其成长过程也充满了坎坷。但也正因为我们是野生的，生存下来就会有顽强的生命力，所以并不是一阵风雨就能把我们打垮的。

黄峥：很早我就理解人生目标，甚至思考人生意义

人生最大的浪费不是金钱的浪费，而是时间的浪费，开窍的迟到。普通人辗转半宿，刚摸到社会认知的枕头，天却要亮了，带着一点可怜的家底，忧心忡忡地冲上赌场，你不输，谁输？

再说得直白点，普通人在 20 多岁时，不明白金钱和事业的重要性，也没有锻炼自己获得地位和金钱的能力，青春本身就是一种资源，男性能很快找到工作，女性有很多人追求。很多人就在挥霍青春，一旦到了 35 岁，男性失去工作优先权，再美的女性也会焦虑。因为晚清醒十几年，已经被别人遥遥领先，追赶起来特别累。

通常普通家庭出生的孩子，在社会认知上，比优渥家庭的孩子要晚醒，因为他的长辈也一样糊里糊涂过来的，能知道读书的重要性，鼓励孩子读书就很不错了。

拼多多创始人黄峥说："从识字开始，我就不停给自己设立目标，然后找到实现的优化路径。所以很早我就理解人生目标，甚至思考人生意义。在求学期间，我就意识到了三件事：一是寒门出贵子是小概率事件；二是田忌赛马，在整体资源劣势的情况下可以创造出局部优势，进而有机会获得整个战役的胜利，基于此，平凡人可以成就非凡事；三是钱是工具，不是目的。"

从创业至今，黄峥带领拼多多不断刷新市场对高光时刻的定义。

成就拼多多的，不是便宜，而是在错位竞争的同时，满足人们爱占便宜

的天性。

2020年7月，黄峥发布公开信宣布将卸任CEO，继续担任拼多多董事长，未来"将花更多时间和董事会制定公司中长期战略"。2021年3月，黄峥辞任拼多多董事长。站在人生的巅峰，黄峥却选择华丽转身。2024年4月，拼多多市值1600多亿美元。黄峥的身家也跟着水涨船高。

父母都是工人的黄峥，如果不是开窍得早、醒悟得早，恐怕难有今天的成就。

出身优渥家庭的人，早在二十几岁时就已经通透，洞悉了社会的运作规律，他们不用考虑过多的试错成本。因为他们接触的真相，是几代人智慧的传承。

开窍的时间因人而异。有的人在十几岁就开窍了，有的人在30多岁才开窍，有的人可能一辈子都没开窍。开窍的早晚，决定了一个人在人生道路上的认知和行为模式，从而影响他们的命运。越早开窍的人就越早知道自己要什么，就越有自己的目标，这一生就越不会被浪费。

> ⊙常人与富人的思维精要
>
> 常人想：感觉人生好迷茫，没有目标，除了吃饭，对什么都不感兴趣。
>
> 富人想：如果你想的是对的，为什么你兜里没有你想要的？放下执拗，去了解世界权力本质、财富运转、幸福获得的真相，并尊重这种规律。